新版《列国志》与《国际组织志》联合编辑委员会

主　　任　谢伏瞻
副 主 任　李培林　蔡　昉
秘书长　马　援　谢寿光
委　　员（按姓氏音序排列）

陈东晓	陈　甦	陈志敏	陈众议	冯仲平	郝　平	黄　平
贾烈英	姜　锋	李安山	李晨阳	李东燕	李国强	李剑鸣
李绍先	李向阳	李永全	刘北成	刘德斌	刘新成	罗　林
彭　龙	钱乘旦	秦亚青	饶戈平	孙壮志	汪朝光	王　镭
王灵桂	王延中	王　正	吴白乙	邢广程	杨伯江	杨　光
于洪君	袁东振	张倩红	张宇燕	张蕴岭	赵忠秀	郑秉文
郑春荣	周　弘	庄国土	卓新平	邹治波		

国际组织志

INTERNATIONAL
ORGANIZATIONS
SURVEYS

独联体

COMMONWEALTH OF
INDEPENDENT STATES

刘 丹 著

社会科学文献出版社
SOCIAL SCIENCES ACADEMIC PRESS (CHINA)

出版说明

自20世纪90年代以来，世界格局和形势发生重大变化，国际秩序进入深刻调整期。世界多极化、经济全球化、文化多样化、社会信息化加速发展，而与此同时，地缘冲突、经济危机、恐怖威胁、粮食安全、网络安全、环境和气候变化、跨国有组织犯罪等全球性问题变得更加突出，在应对这些问题时以联合国为中心的国际组织起到引领作用。特别是近年来，逆全球化思潮暗流涌动，单边主义泛起，贸易保护升级，以维护多边主义为旗帜的国际组织的地位和作用更加凸显。

作为发展中大国，中国是维护世界和平与发展的重要力量。对于世界而言，应对人类共同挑战，建设和改革全球治理体系，需要中国的参与；对于中国而言，国际组织不仅是中国实现、维护国家利益的重要途径，也是中国承担国际责任的重要平台。考虑到国际组织作为维护多边主义和世界和平与发展平台的重大作用，我们决定在以介绍世界各国及国际组织为要旨的《列国志》项目之下设立《国际组织志》子项目，将"国际组织"各卷次单独作为一个系列编撰出版。

从概念上讲，国际组织是具有国际性行为特征的组织，有广义、狭义之分。狭义上的国际组织仅指由两个或两个以上国家（或其他国际法主体）为实现特定目的和任务，依据其缔结的条约或其他正式法律文件建立的有一定规章制度的常设性机构，即通常所说的政府间国际组织（IGO）。这样的定义虽然明确，但在实际操作中对政府间国际组织的界定却不总是完全清晰的，因此我们在项目运作过程中参考了国际协会联盟（Union of International Associations，UIA）对国际组织的归类。除了会籍普遍性组织（Universal Membership Organizations）、洲际性组织（Intercontinental Membership Organizations）和区域性组织（Regionally Defined Membership Organizations）等常见的协定性国际组织形式外，UIA把具有特殊架构的组织也纳入政府间国际组织的范围，比如论坛性组织、国际集团等。考虑到这些新型国际组织数量增长较快，而且具有灵活、高效、低成本等优势，它们在全球事务中的协调作用及影响力不容忽视，所以我们将这些新型的国际组织也囊括其中。

广义上的国际组织除了政府间国际组织之外，还包括非政府间的国际组织（INGO），指的是由不同国家的社会团体或个人组成，为促进在政治、经济、科学技术、文化、宗教、人道主义及其他人类活动领域的国际合作而建立的一种非官方的国际联合体。非政府间国际组织的活动重点是社会发展领域，如扶贫、环保、教育、卫生等，因其独立性和专业性而在全球治理领域发挥着独特作用。鉴于此，我们将非政府间的国际组织也纳入《国际组织志》系列。

构建人类命运共同体，建设持久和平、普遍安全、共同繁荣、开放包容、清洁美丽的世界，是习近平总书记着眼人类发展和世界前途提出的中国理念，受到了国际社会的高度评价和热烈响应。中国作为负责任大国，正以更加积极的姿态参与推动人类命运共同体的建设，国际组织无疑是中国发挥作用的重要平台。这也是近年来我国从顶层设计的高度将国际组织人才培养提升到国家战略层面,加大国际组织人才培养力度的原因所在。

《国际组织志》丛书属于基础性研究,强调学术性、权威性、应用性,作者队伍由中国社会科学院国际研究学部及国内各高校、科研机构的专家学者组成。尽管目前国内有关国际组织的研究已经取得了较大进步,但仍存在许多亟待加强的地方,比如对有关国际组织制度、规范、法律、伦理等方面的研究还不充分,可供国际事务参与者借鉴参考的资料还很缺乏。

正因为如此,我们希望通过《国际组织志》这个项目,搭建起一个全国性的国际组织研究与出版平台。研究人员可以通过这个平台,充分利用已有的资料和成果,深入挖掘新的研究课题,推进我国国际组织领域的相关研究;从业人员可以通过这个平台,掌握国际组织的全面资料与最新资讯,提高参与国际事务的实践能力,更好地在国际舞台上施展才能,服务于国家发展战略;更重要的是,正在成长的新一代学子可以通过这个平台,汲取知识,快速成长为国家需要的全球治理人才。相信在各方的努力与支持下,《国际组织志》项目必将在新的国际国内环境中体现其独有的价值与意义!

新版《列国志》与《国际组织志》联合编辑委员会
2018 年 10 月

前　言

1991年12月8日，苏联的俄罗斯、白俄罗斯和乌克兰三个加盟共和国领导人在位于白俄罗斯的别洛韦日森林政府别墅起草并签署《关于建立独立国家联合体的协定》，俗称《别洛韦日协定》。该协定宣布："苏联作为国际法主体和地缘政治实体将终止存在。"

1991年12月12日，哈萨克斯坦等五个中亚原苏联加盟共和国的领导人在土库曼斯坦首都阿什哈巴德会晤并发表声明，愿意作为"平等的创始国"参加独立国家联合体（以下简称"独联体"）。12月21日，阿塞拜疆、亚美尼亚、白俄罗斯、吉尔吉斯斯坦、摩尔多瓦、哈萨克斯坦、俄罗斯、乌兹别克斯坦、乌克兰、塔吉克斯坦、土库曼斯坦11国领导人在阿拉木图会晤，通过了《阿拉木图宣言》和《关于武装力量的议定书》等文件。1993年12月3日，格鲁吉亚正式成为独联体成员国。

独联体国家的数量不是一成不变的。由于各种地缘政治因素的影响，有些国家退出了独联体。2005年8月，土库曼斯坦宣布退出独联体，后以联系国的方式参与独联体活动。2009年8月18日，格鲁吉亚正式退出独联体。2018年，深陷危机的乌克兰也宣布退出独联体。①

---

① 2014年3月，因克里米亚归并入俄问题，乌克兰宣布退出独联体，但之后并没有退出。2018年4月12日，乌克兰有意加快加入欧盟和北约的步伐，又一次宣布退出独联体。2018年5月19日，乌克兰签署了《关于终止在独立国家联合体框架内缔结的国际条约对乌克兰效力的法令》，并从独联体法定机构撤出其代表。

独联体

本书所述之"独联体",是一个复杂的概念,包括其内涵和外延。"独联体"的内涵一般指组织范畴,外延一般指地缘范畴。

作为组织概念的"独联体",是指由原苏联大多数加盟共和国组成的进行多边合作的国际组织,全称是"独立国家联合体"。

作为地缘概念的"独联体",是指由加入独联体的原苏联12个加盟共和国组成的区域,即"独联体地区"。即使后来土库曼斯坦、格鲁吉亚和乌克兰退出独联体组织,但它们在地缘空间上仍属于"独联体地区"。

与此同时,独联体还有很多类似的称谓。如"原苏联共和国"、"新独立国家"、"独联体和波罗的海沿岸国家"、"近外国家"(ближнее зарубежье)[①],以及"后苏联空间"。其中"新独立国家""近外国家""后苏联空间"这三个表述最具代表性,并都有其潜在意义。"新独立国家"强调原加盟共和国是主权国家这一现实逻辑,"近外国家"隐含原苏联对其所控制地区的意愿,而"后苏联空间"则寓意曾经统一国家发生的至今仍在持续的一体化过程。[②] 同时,政治学家对是否应将波罗的海国家视为后苏联空间的一部分存在分歧。俄罗斯国内部分学者认为,波罗的海三国[③]具有最原始的欧洲一体化倾向,这三个国家不属于后苏联空间(独联体地区)的范畴。

[①] 以区别"远外国家"(дальнее зарубежье),即不曾加入过苏联的国家。
[②] В. И. Вернадсктго: Философия. Политолония. Культурология. том1 (67). 2015. №4. с. 41-48.
[③] 波罗的海沿岸三国是1940年并入苏联的。根据苏联官方的说法,波罗的海三国并入苏联符合当时的国际法。但是在第二次世界大战后的雅尔塔会议和波茨坦会议上,西方与会国家拒绝承认这个事实。直至1975年在赫尔辛基召开的欧洲安全和合作会议签署了赫尔辛基最后文件,承认欧亚边界不可变更,这等于承认了1975年的苏联边界。1990年3~5月,波罗的海三国相继宣布独立,此后,没有加入独联体。

前言

鉴于本书所涉及的范围是与俄罗斯关系紧密、受其影响较深且具有浓厚地缘政治色彩的区域，因此，本书认为"独联体地区"是指原苏联领土上不包括波罗的海三国，由其他12个原加盟共和国组成的区域。根据它们与俄罗斯的历史渊源及地理位置的不同，做以下划分：东欧板块——白俄罗斯、乌克兰、摩尔多瓦；中亚板块——哈萨克斯坦、乌兹别克斯坦、土库曼斯坦、塔吉克斯坦和吉尔吉斯斯坦；南高加索[①]板块——亚美尼亚、格鲁吉亚、阿塞拜疆。俄罗斯在独联体地区占优势地位，通常被视为独立范畴。

在俄罗斯的官方文件中，"独联体地区""后苏联空间"这两个称谓多有出现。它们在地缘范畴上是重合的，只是"后苏联空间"更加强调地缘空间这一整体概念，而"独联体地区"更侧重于该地区国家的组织性质和紧密联系。随着时代的发展，"独联体地区"渐渐被"欧亚地区"（狭义）这一名称所取代。

"独立国家联合体"与其他国际组织相比最大的特点与根本不同，是该组织内的国家曾经共存于同一个母体——苏联。因此，独联体的诞生、发展、存在的问题，以及今后的走向都有其"原生家庭"影响的烙印。这是独联体内部各种关系纷繁复杂的根源。独联体的诞生是苏联解体的产物，是为解决原苏联地区国家遗留问题而设置的机制；独联体的曲折发展，反映了原苏联地区国家"独""联"交织的矛盾；独联体存在的问题本质上都是苏联解体后的余震和回声。

本书分为六章，分别是："独联体的建立与机制建设""独联体地区一体化进程""独联体次区域一体化组织""俄罗斯与

---

① 南高加索（Южный Кавказ），又称"外高加索"（Закавказье）。

独联体地区""俄罗斯与独联体国家关系""'一带一路'倡议在独联体地区的对接合作"。

第一章：独联体的建立与机制建设。本章主要介绍独联体的成立、发展，以及组织架构与机制建设。

第二章：独联体地区一体化进程。30余年来，独联体地区一体化进程引人注目。共同的历史、语言、文化、交通基础设施、通信网络、能源系统，以及历史上形成的劳动分工和生产力地域配置，使独联体地区一体化进程从一开始就有别于甚至高于其他的一体化进程。独联体地区一体化目标包括：共建统一经济空间，其主要成果是2015年启动的欧亚经济联盟；共建安全统一空间，其主要成果是创建集体安全条约组织，并在军事等领域建立合作机制；共建统一人文空间，其主要成果是成员国在语言、教育、科技、信息、旅游、体育、青年等领域的密切合作和建立一系列人文交流机制。

第三章：独联体次区域一体化组织。本章主要阐述了独联体框架内的几个重要的次区域一体化组织——俄白联盟国家、集体安全条约组织、欧亚经济联盟和古阿姆组织。这些组织是独联体整体一体化受挫转而分领域、分层次地开展局部合作的产物。这种现象也是独联体区别于其他国际组织的一个重要特征——在一个一体化组织框架下衍生出若干个次区域一体化组织。它们是深刻了解独联体的钥匙，反映了独联体国家之间既紧密又松散的联系。

第四章：俄罗斯与独联体地区。本章主要阐述和分析了俄罗斯的独联体政策以及独联体对俄罗斯的重要意义。俄罗斯是独联体组织中的核心国家，独联体始终是俄罗斯对外政策的最优先方向，在历版的《俄罗斯联邦对外政策构想》（1993年、

2000年、2008年、2013年、2016年和2023年)中都位列其他地区之前,占据首要地位。俄罗斯对独联体最根本的定位是,独联体是俄罗斯的"传统利益区""切身利益区""战略利益区"。俄罗斯不断加强在该地区的主导作用,它的政策目标是把后苏联空间的大多数国家团结在莫斯科周围。独联体地区是俄罗斯重新崛起的重要依托地带,俄罗斯对这一核心地区的关注将一直存续下去。"再没有比这更重要的任务,俄罗斯的未来取决于此。"①

第五章:俄罗斯与独联体国家关系。俄罗斯是独联体地区最大的国家,它与该地区其他国家的关系是多组重要的双边和多边关系:俄罗斯与白俄罗斯关系、俄罗斯与乌克兰关系、俄罗斯与中亚关系、俄罗斯与南高加索关系、俄罗斯与摩尔多瓦关系。与独联体各国关系发展的程度,决定了俄罗斯在该地区的地位和作用。这也是俄罗斯能否引领该地区发展的重要依据。

第六章:"一带一路"倡议在独联体地区的对接合作。本章主要阐述"一带一路"倡议提出后,独联体国家与中国"一带一路"倡议对接合作的有关情况。这一部分阐述了"一带一路"倡议对独联体地区的影响,也间接反映了中国与独联体国家的关系。

总之,《独联体》一书尝试相对全面地阐述独联体。现实生活日新月异,国际形势瞬息万变。在写作过程中,作者对所用资料和史料进行了认真筛选和甄别,力求保证研究成果的准确性。同时,作者对书中所涉事件进行动态跟踪,以保证研究成

---

① Путин считает интеграцию со странами бывшего СССР ключевой задачей РФ, http://ria.ru/politics/20120411/623237387.html#ixzz2I7F2Rv5a.

果的时效性。所有的学术都有着"通识教育"的责任，尤其是社会科学。在写作风格上，本书尽量做到学术性和可读性的统一。

愿这本书能让读者了解和感知独联体！

刘　丹
2024年元月于北京

CONTENTS

目 录

前　言 / 1

第一章　独联体的建立与机制建设 / 1

第一节　苏联解体与独联体的建立 / 1
一　"新思维"引发的危机 / 1
二　新联盟条约计划的夭折 / 3
三　《别洛韦日协定》与《阿拉木图宣言》/ 5

第二节　独联体的组织架构 / 8
一　独联体的最高机构及执行机构 / 10
二　独联体主要经济机构 / 22
三　独联体其他机构 / 26

第三节　独联体建立伊始的机制建设 / 28
一　条约法律基础的形成 / 28
二　独联体"参加国""成员国"的界定 / 30

第二章　独联体地区一体化进程 / 33

第一节　独联体地区经济一体化进程 / 33
一　独联体地区经济一体化的背景 / 34
二　独联体地区经济一体化的分期 / 35

第二节　独联体的军事合作 / 37
一　独联体军事领域法律文件的签订 / 38
二　集体安全体系的建立 / 39

1

CONTENTS
目 录

第三节　独联体的人文合作 / 41
　　一　独联体人文交流的法律基础 / 41
　　二　独联体人文合作实践 / 42
第四节　独联体信息空间一体化 / 46
第五节　独联体重要峰会 / 47

第三章　独联体次区域一体化组织 / 57

第一节　俄白联盟国家 / 57
　　一　俄白联盟国家的发展进程 / 57
　　二　俄白联盟国家的机构设置 / 59
第二节　集体安全条约组织 / 65
　　一　集体安全条约组织发展历程、机制建设与机构设置 / 66
　　二　集体安全体系的构建、内部合作与外部联系 / 71
第三节　欧亚经济联盟 / 74
　　一　欧亚经济联盟的建立与发展 / 74
　　二　欧亚经济联盟的机构设置 / 77
第四节　古阿姆组织 / 82
　　一　古阿姆组织的建立与发展 / 83
　　二　作为逆独联体一体化现象的"古阿姆" / 86

第四章　俄罗斯与独联体地区 / 89

第一节　俄罗斯对独联体政策 / 89
　　一　叶利钦时期：从"甩包袱"到"重新整合" / 89

目录

  二 普京前八年：从"整体一体化"转向"次区域一体化" / 90
  三 "梅普组合"时期：政策延伸，细节调整 / 93
  四 普京第三任期至今：加强主导地位，加快一体化进程 / 94
 第二节 独联体对俄罗斯之要义 / 96
  一 独联体组织在后苏联空间的功能性 / 97
  二 独联体地区是俄罗斯重新崛起的重要依托 / 98

第五章 俄罗斯与独联体国家关系 / 101

 第一节 俄罗斯与白俄罗斯关系 / 101
  一 俄白一体化的建立与发展 / 101
  二 俄白联盟国家的特点 / 106
  三 在危机中强化的俄白关系 / 108
 第二节 俄罗斯与乌克兰关系 / 110
  一 2014年前俄乌关系发展历程 / 110
  二 乌克兰危机后的俄乌关系 / 112
  三 俄乌关系中的美西方因素 / 114
 第三节 俄罗斯与中亚关系 / 116
  一 俄罗斯与中亚经济、人文关系 / 116
  二 俄罗斯与中亚安全问题 / 118
  三 俄美在中亚的博弈 / 119
 第四节 俄罗斯与南高加索关系 / 120
  一 南高加索重要的地缘政治意义 / 120

CONTENTS
目 录

  二　俄罗斯在该地区热点问题上的外交实践 / 121

  三　俄罗斯对南高加索政策 / 124

 第五节　俄罗斯与摩尔多瓦关系 / 125

第六章　"一带一路"倡议在独联体地区的对接合作 / 129

 第一节　"一带一路"框架下的中俄合作 / 129

  一　中俄友好关系发展历程 / 129

  二　中俄在"一带一路"框架下发展战略对接合作 / 134

  三　"一带一路"倡议与欧亚经济联盟的对接合作 / 136

 第二节　"一带一路"建设与白俄罗斯 / 137

  一　中白友好关系发展历程 / 138

  二　白俄罗斯大力支持"一带一路"建设 / 142

  三　中白工业园：中白对接合作的成功范例 / 143

 第三节　中国与中亚："一带一路"建设中的合作典范 / 146

  一　全面发展的中国与中亚友好关系 / 147

  二　中国与中亚在"一带一路"建设中的对接合作 / 149

 第四节　"一带一路"倡议与乌克兰 / 151

  一　中乌友好关系的建立与发展 / 151

  二　在"一带一路"倡议下加强中乌务实合作 / 153

 第五节　"一带一路"倡议与南高加索 / 155

  一　"一带一路"推进中格关系 / 156

  二　"一带一路"助力中阿合作 / 159

目录

三 "一带一路"倡议与亚美尼亚 / 162

附录1 《关于建立独立国家联合体的协定》/ 167

附录2 《关于建立独立国家联合体的协定议定书》/ 171

附录3 《阿拉木图宣言》/ 173

附录4 《独立国家联合体章程》/ 175

参考文献 / 187

后　记 / 193

第一章

独联体的建立与机制建设

1991年末,苏联的解体震惊了整个世界。为解决原苏联地区新独立各国"分家"后的一系列问题,独立国家联合体(以下简称"独联体")从最开始只有俄罗斯、白俄罗斯、乌克兰三国的一个组织,迅速演变成包含后苏联12个国家的地区性国际组织。在两年之内,独联体建立起有效机制,制定了组织章程,为该地区新独立国家和平解决问题与争端、发展合作提供了重要平台。

第一节 苏联解体与独联体的建立

20世纪70~80年代,从勃列日涅夫后期起,苏联开始了一段"病夫治国"的时期。从1982年11月到1985年2月短短两年多的时间里,苏联先后经历了勃列日涅夫、安德罗波夫、契尔年科三位苏共总书记去世。1985年3月11日,在葛罗米柯等人的支持下,54岁的戈尔巴乔夫成为苏共中央历史上最年轻的总书记。然而,年轻的他并没有给当时的苏联带来转机,而是用他的"新思维"触发了新一轮的剧变。

一 "新思维"引发的危机

戈尔巴乔夫出任苏共中央总书记后,开始对苏联进行改革,在政策领域提出了"新思维"理念。

1986年2~3月,苏共召开了二十七大,确定进行以加快机器制造业发展为重点的"加速战略",但是改革并未得到普遍支持。当时,增加日

独联体

常消费品的产量是人民的迫切需要，"加速战略"并不符合当时的国情。因此，改革没有取得预期效果，经济形势不仅没有好转，反而有恶化趋势。戈尔巴乔夫认为，存在影响改革的阻碍机制，必须进行政治体制改革以消除阻力。

1988年，苏共中央二月会议提出必须对政治体制进行改革，即推行所谓"全人类利益高于一切"的"新思维"改革。这次会议的中心议题是解决党政职能分开问题，使苏维埃成为"国家权力和管理的中心"，提出重新划分联盟与加盟共和国的权限。

1988年6月28日至7月1日，苏共中央第十九次全国代表大会召开，戈尔巴乔夫在会上提出经济改革受阻原因在于政治改革未先行，要求率先进行全面政治改革。1990年2月，戈尔巴乔夫在苏共中央全会上宣布取消宪法中规定苏共是苏联国家和社会领导力量的条款，放弃一党制，实行多党制，建立总统制。"苏联体制的核心是权力集中于苏共。苏联实行党政合一的体制，实际上，苏共是集政治、经济和军事大权于一体的政治组织。苏联的命运取决于苏共的命运，苏联的存亡取决于苏共的存亡。"[①] 戈尔巴乔夫取消了苏共的领导地位，是对苏联的致命一击。

1990年3月，戈尔巴乔夫当选总统。国家权力从苏共中央和苏联最高苏维埃转而集中到总统手中。1990年7月2~13日，苏共中央召开第二十八次全国代表大会，会议通过了《走向人道的、民主的社会主义社会》的纲领性声明和苏共新党章以及一系列决议，产生了新的中央机构，选举戈尔巴乔夫为总书记。大会强调，苏共坚持全人类价值观和共产主义理想，在国内的目标是建立"人道的、民主的社会主义"，为人的自由和全面发展创造条件。大会还强调苏共放弃政治和意识形态方面的"垄断主义"。这一纲领从根本上改变了苏共的指导思想。这时苏共已经不是法律意义上的执政党了。

在国家权力中心转移的过程中，国家权力出现"真空"，一批反对派人物通过"自由选举"进入国家权力机关，一些地方苏维埃的权力落入民族

---

① 郑羽主编《独联体（1991~2002）》，社会科学文献出版社，2005，第8页。

主义者之手。地方分裂势力不断壮大，苏联统一面临巨大威胁和挑战。

1990年3月11日、30日和5月4日，立陶宛、爱沙尼亚和拉脱维亚分别通过共和国独立宣言，宣布苏联宪法无效，成为独立国家。波罗的海三国的独立引发了多米诺骨牌效应，很快，1990年6月12日，俄罗斯联邦也发表了主权国家宣言。截至1991年12月16日，所有的原苏联加盟共和国都宣布了独立。

二 新联盟条约计划的夭折

为了平息民族分裂势头，1990年6月12日，戈尔巴乔夫在联邦委员会会议上提出建立社会主义主权国家联盟的构想。构想主要内容是：重新划分中央和各加盟共和国的权力，原则上中央只保留外交权和国防权，以及重大经济活动的决策权。

1991年3月初，苏联公布了新联盟条约草案。3月17日，苏联就联盟的前途问题进行了全民公决。当时，波罗的海三国、格鲁吉亚、亚美尼亚、摩尔多瓦六国拒绝参加全民公决。全民公决在其余的九个共和国进行。全苏全民公决的结果：在全苏1.856亿名有表决权的选民中，参加全民公决的有1.485亿人，其中1.135亿人投票拥护保留苏联，占参与投票总人数的76.43%。其中，俄罗斯联邦在全民公决过程中支持保留苏联的占71.3%，支持设立总统的占69.8%，占登记在册有投票权公民的52.4%。[1]

1991年4月23日，戈尔巴乔夫同九个加盟共和国领导人一起签署了《关于稳定国内局势和克服危机的刻不容缓措施的联合声明》，即"9+1联合声明"。该声明客观上形成了一种新的国家权力中心，苏联最高国家权力机关被撇在一边。[2] 1991年8月14日，《苏维埃主权国家联盟条约》的正式文本公布，拟用来取代1922年联邦制的《苏维埃社会主义共和国

---

[1]〔俄〕亚·维·菲利波夫：《俄罗斯现代史（1945~2006年）——教师参考书》，吴恩远等译，中国社会科学出版社，2009，第263~264页。
[2] 潘庆森：《戈尔巴乔夫政治体制改革评述》，《东欧中亚研究》1993年第4期，第4页。

联盟条约》，并计划于1991年8月20日由各共和国领导人正式签署。

这一条约受到主张保留苏联为统一国家的苏联党内外人士的抵制和反对。1991年8月19日，时任苏联副总统根·伊·亚纳耶夫、政府总理谢·瓦·帕夫洛夫、国防部部长德·季·亚佐夫、苏联国家安全委员会主席弗·亚·克留奇科夫、内务部部长鲍·卡·普戈、国防会议第一副主席奥·德·巴克拉诺夫等人趁戈尔巴乔夫总统在黑海之滨休假之际，宣布戈尔巴乔夫因"健康原因"不能履行总统职权，由副总统亚纳耶夫任代总统，成立以他为首的紧急状态委员会，莫斯科等部分城市进入紧急状态。国家紧急状态委员会发表《告苏联人民书》，宣称国家面临危险，戈尔巴乔夫的改革已经进入死胡同，紧急状态委员会将担负起责任，尽快使国家走出危机。由于计划不周，仓促行事，国家紧急状态委员会的行动在三天内就失败了。这就是震惊世界的"8·19"事件。

"8·19"事件后，苏联各加盟共和国的独立倾向急剧发展，统一的联盟国家在民族主义浪潮的冲击下迅速走向瓦解。

戈尔巴乔夫在"8·19"事件后回到莫斯科，试图收回在此事件期间被叶利钦夺取的权力，但事变加剧了各共和国的独立趋向，大权落入"激进派"俄罗斯联邦总统叶利钦手中。1991年8月22日，叶利钦宣布苏联军队中的共产党组织为非法组织。8月23日，他签发命令停止俄罗斯共产党的活动。8月24日，戈尔巴乔夫不得不辞去苏共中央总书记的职务。8月29日，苏联最高苏维埃正式通过决议，暂停苏共在全苏境内的活动，并责成苏联检察院对苏共机关进行审查。继俄罗斯共产党的活动被禁止后，苏联各加盟共和国的共产党也迅速瓦解。在不同共和国，共产党有的被宣布为非法组织，有的被解散，有的被终止活动，有的被改名。在反苏的浪潮中，苏共各级党委的办公大楼被查封，苏共的财产被没收，档案被接管，党报被停刊。许多共产党员受到迫害，一大批党员干部沦为失业者。以叶利钦为首的激进派在一系列摧毁苏共的行动中掌握了联盟的中央大权，包括军权、财权以及媒体控制权。

1991年11月14日，新成立的苏联最高管理机构——由各共和国最高领导人组成的国务委员会，在新奥加廖沃召开会议，审议《主权国家联盟条约》草案，并拟定在11月25日召开会议草签。但是，会议围绕建立什么样的国体这一问题展开了激烈争论。戈尔巴乔夫和叶利钦的主张产生了分歧。戈尔巴乔夫主张，各主权国家可享有充分主权，但它们应该留在松散、统一的邦联国家内，拥有共同的国籍和武装力量，以及协调一致的对外政策与统一的市场，而且应该拥有掌握实权的民选总统。而叶利钦则主张，俄罗斯不允许恢复凌驾于它之上的另外一个发号施令的中央，跨国机构只能起磋商和协调作用。戈尔巴乔夫表示："如果不准备建立有效的国家经济机构，我们何必还要总统和议会呢？如果你们作出那样的决定，我准备辞职。"[1] "可是，此时的戈尔巴乔夫已是孤家寡人：失去了军队的支持，失去了昔日战友的辅佐，失去了人民的信任，在与叶利钦和其他加盟共和国领导人的博弈中，显得既懦弱又可怜！他已经没有能力和实力与自己的反对派抗衡了。"[2]

1991年11月25日，在原定的草签仪式上，舒什克维奇和叶利钦告诉戈尔巴乔夫，与会的各国领导人决定暂不签署这一条约，先提交各共和国最高苏维埃审议后决定。《苏维埃主权国家联盟条约》计划前景惨淡。

三 《别洛韦日协定》与《阿拉木图宣言》

"8·19"事件后，苏联各加盟共和国加快了谋求独立的步伐。苏联的解体已成大势所趋。

1991年8月24日，乌克兰议会通过了一项重要决议，宣布乌克兰独立，同时宣布将于12月1日就共和国的独立进行全民公决，并选举乌克兰总统。1991年12月1日，乌克兰就独立问题举行全民公投并进行总统选举。在参加投票的83%的合法选民中，有90.32%的选民赞成乌克兰独立，有60%的选民投票选举前乌克兰最高苏维埃主席克拉夫丘克为乌克兰总统。1991年12月5日，乌克兰议会通过决议，废除1922年12月30

---

[1] 转引自郑羽主编《独联体（1991~2002）》，社会科学文献出版社，2005，第17页。
[2] 李永全：《俄国政党史——权力金字塔的形成与坍塌》，社会科学文献出版社，2017，第583页。

独联体

日签署的《苏维埃社会主义共和国联盟条约》,在乌克兰境内终止实施苏联法律。

乌克兰的独立给还对《苏维埃主权国家联盟条约》的签署抱有一线希望的戈尔巴乔夫以沉重打击,因为波罗的海三国的独立还不足以撼动联盟大厦,而作为苏联第二大加盟共和国的乌克兰的独立就不同了。乌克兰的地位举足轻重,它发达的工业、丰富的物产资源撑起了苏联的"半壁江山",只有俄罗斯可以与之匹敌。况且基辅作为斯拉夫文明的发源地,与俄罗斯、白俄罗斯有着共同的历史渊源、共同的精神家园。如果没有乌克兰,新联盟得以建立的根基就丧失了。

同时,乌克兰的独立也使俄罗斯大为震惊。1991年8月28日,俄罗斯和乌克兰经过一天的会谈发表联合公报,声明两国彼此没有领土要求,并且将共同解决经济和军事问题。当天,法新社评论说,俄罗斯和乌克兰绕开联盟达成的这项重要协议,已经"宣布了苏联的死亡"。[①] 1991年12月1日,乌克兰全民公决当天,总统克拉夫丘克声称乌克兰将不参加新奥加廖沃协议。随后,12月3日,叶利钦宣布承认乌克兰独立,并向戈尔巴乔夫表示,如果乌克兰不在新联盟条约上签字,俄罗斯也不会签字。联盟第二大国乌克兰的撤出无疑把新联盟条约签署的希望降到了最低,而俄罗斯的表态几乎等于终结了这种可能性。

乌克兰的独立赢得了西方的支持,1991年12月3日,美国总统布什亲自打电话给克拉夫丘克祝贺乌克兰人民获得独立。12月16日,乌克兰总统克拉夫丘克对美国《金融时报》发表讲话时声称:"保持了437年的帝国将不再存在,乌克兰一手造成了该帝国的崩溃。我认为,这是值得我本人无比自豪的。"[②]

1991年12月7日,俄罗斯总统叶利钦、乌克兰总统克拉夫丘克、白俄罗斯最高苏维埃主席舒什克维奇,以及乌克兰总理福金、白俄罗斯总理

[①] 赵华胜:《从主权国家联盟到独联体(上)——苏联解体经过》,《国际展望》1992年第2期,第10页。

[②] 郑羽主编《独联体(1991~2002)》,社会科学文献出版社,2005,第18页。

克比奇、俄罗斯第一副总理布尔布利斯与几个助手一起飞往白俄罗斯的别洛韦日森林举行密谈。

1991年12月8日,白俄罗斯、俄罗斯和乌克兰三个斯拉夫加盟共和国的领导人起草并签署了《关于建立独立国家联合体的协定》(俗称《别洛韦日协定》)。该协定宣布:"苏联作为国际法主体和地缘政治实体将终止存在。"签订协定的目的是:"注意到起草新联盟条约的谈判已经走入死胡同,各共和国退出苏联和建立独立国家的客观进程已成为现实;注意到对本国人民和国际社会负起的责任和实际实施政治经济改革的迫切需要,我们声明建立国家联合体,三方于1991年12月8日签署《关于建立独立国家联合体的协定》。"与此同时,该协定明确规定了独联体对原苏联国家的开放原则:"本协定对原苏联所有成员国及赞同本文件宗旨和原则的其他国家持开放立场。"①

《别洛韦日协定》是对戈尔巴乔夫想把苏联改为松散邦联或主权国家联盟而作的种种努力的致命打击,它意味着新联盟条约的终结,是促使苏联解体的决定性步骤。②

《别洛韦日协定》签订后,曾经打算签署新联盟条约的其他加盟共和国,尤其是中亚五国的态度发生了转变。1991年12月12日,哈萨克斯坦、乌兹别克斯坦、吉尔吉斯斯坦、塔吉克斯坦和土库曼斯坦五个加盟共和国领导人在土库曼斯坦的阿什哈巴德举行会晤。12月13日,五国领导人发表声明,称《别洛韦日协定》具有积极性质,五国同意加入新成立的独立国家联合体;同时强调指出,它们作为解体的苏联主体的平等成员和独联体平等的创始国参加这个组织。

随后,哈萨克斯坦共和国领导人纳扎尔巴耶夫建议几日后再聚阿拉木图,共商国家前途。1991年12月21日,11个加盟共和国领导人——阿塞拜疆总统穆塔利博夫、亚美尼亚总统捷尔-彼得罗相、白俄罗斯最高苏维埃

---

① 李永全:《俄国政党史——权力金字塔的形成与坍塌》,社会科学文献出版社,2017,第586页。
② 陆南泉、姜长斌、徐葵、李静杰主编《苏联兴亡史论》(修订版),人民出版社,2004,第818页。

独联体

主席舒什克维奇、哈萨克斯坦总统纳扎尔巴耶夫、吉尔吉斯斯坦总统阿卡耶夫、摩尔多瓦总统斯涅古尔、俄罗斯总统叶利钦、塔吉克斯坦总统纳比耶夫、土库曼斯坦总统尼亚佐夫、乌兹别克斯坦总统卡里莫夫、乌克兰总统克拉夫丘克在哈萨克斯坦阿拉木图举行会晤。格鲁吉亚派代表以观察员身份出席这次会晤。苏联加盟共和国中波罗的海三国拉脱维亚、立陶宛和爱沙尼亚没有参加这次会晤。就在这一日，会议达成了最重要的成果：签署了《关于建立独立国家联合体的协定议定书》和《阿拉木图宣言》。

《阿拉木图宣言》称：独联体建立的宗旨是"努力建设民主法治国家"，独联体参加国"在相互承认和尊重国家主权及主权平等、不可剥夺的自决权、权利平等和不干涉内政原则、不使用武力和以武力相威胁、不施加经济或其他方式的压力、和平解决争端、尊重人权和自由（包括尊重少数民族的权利）、认真履行义务及其他公认的原则和国际法准则的基础上，发展相互关系"，"互相承认并尊重领土完整及现有边界不可侵犯"。《阿拉木图宣言》中规定了独联体的性质："独联体既不是一个国家，也不是一个超国家实体。"

阿拉木图会晤和《阿拉木图宣言》的通过标志着独联体成立工作的结束，标志着苏联解体已经成为事实。[①] "8·19"事件后，戈尔巴乔夫力图以某种形式保留联盟的希望已化为泡影。1991年12月25日，戈尔巴乔夫宣布辞去苏联总统职务。12月26日，苏联最高苏维埃共和国院举行最后一次会议，代表们以举手表决的方式通过一项宣言，宣布苏联停止存在。

第二节 独联体的组织架构

1993年1月21日，独联体国家元首理事会通过了《独立国家联合体章程》（以下简称《独联体章程》）。章程对独联体主要机构的设置和运行原则作出了明确规定。独联体的主要机构有：国家元首理事会、政府首

[①] 李永全：《俄国政党史——权力金字塔的形成与坍塌》，社会科学文献出版社，2017，第587页。

脑理事会、执行委员会、外交部长理事会、国防部长理事会、联合武装力量总司令部、边防军司令理事会、集体安全委员会、经济法院、协调协商委员会等常设机构，还有跨议会大会、人权委员会、经济联盟跨国经济委员会、经济理事会和跨国货币委员会以及部分合作机构等专门机构。

独立国家联合体框架内共设立了87个机构，包括66个部门合作机构。

根据《独联体章程》，独联体的最高机构是独联体国家元首理事会，讨论和解决与成员国在共同利益领域的活动有关的原则问题。

根据《独联体章程》，独联体政府首脑理事会协调成员国行政当局在经济、社会和其他共同利益领域的合作。

独联体执行委员会根据独联体国家元首理事会2000年6月21日议定书通过的《独立国家联合体执行委员会条例》运作。

独联体外交部长理事会的活动受独联体国家元首理事会2017年10月11日决定批准的条例管辖。

独联体经济法院根据1992年7月6日《独立国家联合体经济法院地位协定》及其2017年9月13日修正议定书批准的条例运作。

独联体跨议会大会根据1995年5月25日《独立国家联合体成员国议会间大会公约》开展活动。

独联体人权委员会根据独联体国家元首理事会2022年10月14日决定通过的条例、1995年5月26日独联体《人权和基本自由公约》及其2022年10月14日修正议定书开展工作。

独联体经济联盟跨国经济委员会的活动受独联体国家元首理事会2017年10月11日决定批准的条例管辖。

独联体经济理事会经济事务委员会的活动受独联体经济理事会2021年9月24日决定批准的条例管辖。

独联体成员国常驻独联体法定机构和其他机构全权代表理事会根据独联体外交部长理事会2000年6月20日的决定和2005年8月23日的决定行事。

根据《独联体章程》，独联体各国可根据其在经济、社会和其他领域的合作协定设立独联体部门合作机构。

独联体

上述机构和其他独联体机构的活动受其组成文书和其他独联体法律文书的制约。

```
独立国家联合体
├── 独联体国家元首理事会
├── 独联体政府首脑理事会
├── 独联体执行委员会
├── 独联体外交部长理事会
├── 独联体国防部长理事会
├── 独联体联合武装力量总司令部
├── 独联体边防军司令理事会
├── 独联体集体安全委员会
├── 独联体经济法院
├── 独联体协调协商委员会
├── 独联体人权委员会
├── 独联体跨议会大会
├── 独联体经济联盟跨国经济委员会
└── 独联体跨国货币委员会
```

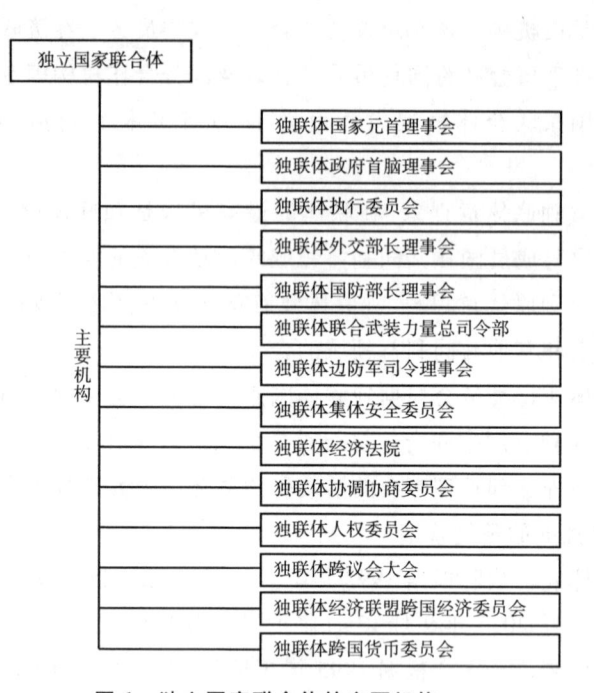

图 1　独立国家联合体的主要机构

一　独联体的最高机构及执行机构

（一）独联体最高机构——独联体国家元首理事会和独联体政府首脑理事会

1991 年 12 月 21 日，在哈萨克斯坦阿拉木图签署的《阿拉木图备忘录》[①] 作出了关于设立和召开独联体国家元首理事会的决议。1993 年 1 月 22 日通过的《独联体章程》对独联体国家元首理事会和政府首脑理事会

---

① 1991 年 12 月 21 日，原苏联大多数加盟共和国在哈萨克斯坦阿拉木图签署了《阿拉木图备忘录》，同时签署了《阿拉木图宣言》。

10

作出了明确规定。尽管如此，一般认为于1991年12月8日在白俄罗斯别洛韦日森林政府官邸签署《别洛韦日协定》的三国（俄罗斯、白俄罗斯和乌克兰）领导人会晤和于1991年12月21日在阿拉木图签署《阿拉木图备忘录》的多国首脑会晤为第一次独联体国家元首理事会会议。

近年来，以俄罗斯为核心的独联体进一步加强了内部联系。2020年10月，由乌兹别克斯坦担任主席国的国家元首理事会会议通过了12项独联体各领域发展的重要决议，批准了《独联体2030年前进一步发展构想》和《独联体2025年前军事合作构想》。2021年，国家元首理事会会议由白俄罗斯担任轮值主席国。受疫情影响，国家元首理事会会议以视频方式举行。这一年是独联体成立30周年。普京在发表视频讲话时回顾了1991年12月8日独联体成立以来的发展历程和对未来的期望。从1991年12月8日至2022年5月，独联体国家首脑理事会共召开了49次会议，并举行了19次非正式会晤。

国家元首理事会是独联体的最高机构，由独联体各成员国国家元首组成。理事会会议审议和解决独联体国家共同感兴趣的相关领域活动的原则性问题。

国家元首理事会每年召开两次会议。在成员国提出倡议的情况下，元首理事会可召开非例行会议。尤其在国际安全保障领域，一旦成员国之间发生有可能影响和平与秩序的冲突，元首理事会有权随时召开会议，向冲突各方提出调解冲突的程序和办法。独联体成员国根据独联体各国国家名称的俄文字母顺序轮流担任国家元首理事会会议主席。

政府首脑理事会是由独联体各成员国政府总理或部长会议主席组成，负责协调独联体各国政府在经济、社会等领域的合作以及出现的问题。

政府首脑理事会每年召开四次会议。如果理事会没有作出另行规定的话，每次例会结束前应对下一次会议的日期和议程作出安排。经多数政府首脑倡议，理事会也可以召开非例行会议。理事会会议主席也是由政府首脑按照独联体各国国家名称的俄文字母顺序轮流担任。近几年的政府首脑理事会会议中最引人注目的是2020年5月独联体政府首脑理事会，此次会议通过了《2030年前独联体经济发展战略》。

独联体

国家元首理事会和政府首脑理事会通过决议时实行协商一致原则。任何国家都可以声明自己对某个问题不感兴趣，但是这不能成为通过决议的障碍。

独联体国家元首理事会和政府首脑理事会可以举行联席会议。

国家元首理事会和政府首脑理事会成立常设和临时办事机构与辅助机构。这些机构由各国派代表组成，可吸收专家和顾问参加会议。

（二）独联体的执行机构——独联体执行委员会

独联体执行委员会是独联体的执行机构，其经历了发展、变化和完善的过程。最初独联体常设的执行和协调机构是根据1993年通过的《独联体章程》成立的独联体协调协商委员会。

根据《独联体章程》，协调协商委员会是独联体常设的执行和协调机构，负责执行国家元首理事会的决定。独联体协调协商委员会由独联体每个成员国出两名常驻全权代表和由国家元首理事会任命的协调员组成。

协调协商委员会的基本职能是：贯彻执行国家元首理事会和政府首脑理事会的决议，研究并向国家元首理事会和政府首脑理事会提出关于在独联体范围内的合作和发展社会经济联系的建议；促进落实独联体各国相互经济关系具体方向上达成的协议；组织代表和专家会议，为国家元首理事会和政府首脑理事会提供开会讨论的文件草案。为了给独联体国家元首理事会、独联体政府首脑理事会以及其他独联体机构的工作提供组织技术保障，协调协商委员会设秘书处，秘书处由协调协商委员会一位副主席领导。根据1994年政府首脑理事会的决定，独联体协调协商委员会实际上分成两个机构，一个是独联体执行秘书处，另一个是独联体跨国经济委员会。

执行秘书处的日常工作由独联体国家元首理事会任命的执行秘书领导进行。执行秘书可以受独联体国家元首理事会与政府首脑理事会委托在与国际组织交往中代表独联体。执行秘书处的领导由独联体成员国派出的代表担任。执行秘书处设副秘书一职，由政府首脑理事会任命。工作人员基本上是白俄罗斯公民。在独联体总部，由独联体参加国的常设与其他机构的常任全权代表履行自己的职责。执行秘书处设办公厅、六个局和其他服务保障机关。

但是，《独联体章程》中并没有规定设置这样的机构，而且独联体执行秘书处和独联体跨国经济委员会这两个机构的分工不是很明确，职能模糊，工作过程中经常出现矛盾，严重影响执行机构的工作效率。

1999年4月，独联体国家元首理事会会议决定对独联体机构进行改组，将独联体执行秘书处和独联体跨国经济委员会合并为统一行政和协调机构——独联体执行委员会（以下简称"执委会"）。2000年6月21日，独联体国家元首理事会莫斯科会议通过《独联体执行委员会条例》，以立法形式明确了执行委员会的职能和运行机制。

根据该条例，独联体执行委员会是独联体统一的执行、行政和协调机构，负责独联体国家元首理事会、政府首脑理事会、外交部长理事会、经济理事会等机构的组织保障工作。执委会根据相关立法文件规定的原则运作并向国家元首理事会、政府首脑理事会报告工作，在一些专业问题上也向外交部长理事会和经济理事会报告工作。执委会在工作中与成员国全权代表理事会等《独联体章程》规定设立的组织保持密切合作。

独联体执行委员会是法人。独联体执行委员会的任务和职能非常广泛。根据《独联体执行委员会条例》，执委会的主要活动包括：与成员国一起研究独联体远景发展建议以及实现这些建议的步骤和优先方向；与成员国一起研究独联体成员国在政治、经济、社会等领域的发展合作建议并起草相关文件草案，按照相关程序提交国家元首理事会、政府首脑理事会以及相关的外交部长理事会和经济理事会；研究起草深化独联体全面经济合作、建立和运行自由贸易区、为更高水平合作创造有利条件的建议；与独联体成员国一起研究成员国经济改革进程并起草相关建议；协助独联体有关成员国发展独联体框架下的私人企业活动、全面生产合作，建立运输走廊，改善投资合作，发展农业市场，共同参与能源和资源产地开发，帮助企业共同走向外部市场，在工业和运输设施建设方面向第三国提供技术协助；研究起草发展教育、医疗、社会保障、文化等领域合作的建议；协助独联体成员国落实消除技术和自然灾害后果的共同纲领，解决移民和人道主义问题；与独联体成员国一起落实打击有组织犯罪和恐怖主义的共同纲领；与感兴趣的成员国共同开展经济技术研究；协助感兴趣的独联体成员国建立现代信息空间；在关注独联体每个成员国民族利益的前提下受外交部长理事会委托就迫切的国际问题进行外交磋商；受国家元首理事会、政府首脑理事会和外交部长理事会委托，利用和平手段，包括联合国和欧安组织的资源，协助落实调解独联体成员国领土上发生的武装冲突的必要措施……

《独联体执行委员会条例》还对保证机构运行的其他有关方面作出了详细规定。这项改革显著提高了独联体执行机构的工作效率。

（三）独联体对外政策协调机构——独联体外交部长理事会

独联体外交部长理事会，是根据1993年9月24日独联体国家元首理事会会议决议建立的，其职能是协调独联体对外政策。当时国家元首理事会会议还通过了《独联体国家外交部长理事会条例》等八个协调独联体成员国外交政策、外交活动的文件。独联体外交部长理事会由各成员国元首理事会直接领导，独联体国家以该理事会名义在国际社会联合行动。

为了使独联体适应迅速发展的国际形势，2017年10月11日，在俄罗斯索契召开的独联体国家元首理事会会议批准了新的《独联体外交部长理事会条例》。

《独联体外交部长理事会条例》规定，独联体外交部长理事会是保证独联体成员国在共同感兴趣的问题上开展外交和人文活动的主要执行机构，受独联体国家元首理事会和政府首脑理事会委托可以就责任范围内的事务通过决定。

外交部长理事会在活动中遵循国际法公认的原则和准则，也遵循《联合国宪章》的原则以及独立国家联合体的基础文件，还遵循独联体框架内签署的国际条约、国家元首理事会和政府首脑理事会的决议以及外交部长理事会条例。外交部长理事会向国家元首理事会和政府首脑理事会报告工作。

根据条例规定，外交部长理事会的主要任务是：协助独联体成员国发展对外政策领域的合作，包括协调各国外交部门的配合；协助独联体成员国开展人文和司法合作；协助和平解决争端和冲突，维持独联体地区和平与稳定的形势；协助独联体有关机关保证安全和应对新挑战与威胁的活动。

外交部长理事会有下列职能：落实独联体国家元首理事会和政府首脑理事会决议；为独联体国家元首理事会和政府首脑理事会起草各种提案和建议；审议独联体国家元首理事会和政府首脑理事会以及独联体范围内签署的条约和协议的执行情况；审议权限范围内拟提交国家元首理事会和政府首脑理事会会议的文件草案；与独联体成员国就共同关心的对外政策问题举行磋商；针对迫切国际问题发表反映独联体成员国外交部门共同立场的联合声明和其他文件；促进对外政策问题经验和信息交流；审议组织感兴趣的独联体成员国与联合国等国际组织配合的问题，包括提出共同倡议的可能性；采取措施完善独联体成员国对外活动的信息保障，包括使用档案馆和干部培训。

（四）独联体军事机构——独联体国防部长理事会与联合武装力量总司令部

根据《独立国家联合体章程》规定，国防部长理事会是国家元首理事会负责独联体军事政策和军事合作的机关，而联合武装力量总司令部负责领导联合武装力量以及独联体军事观察团和集体维和力量。国防部长理事会和联合武装力量总司令部依据国家元首理事会通过的有关条例开展活动。

独联体国防部长理事会于1992年2月14日根据独联体成员国国家元首理事会会议决议成立，成员包括独联体除摩尔多瓦、土库曼斯坦、乌克兰外的九个成员国的国防部长和总参谋长。摩尔多瓦、土库曼斯坦和乌克兰（2014年以前）是观察员国。2006年，格鲁吉亚退出了独联体国防部长理事会。俄罗斯国防部部长任独联体国家国防部长理事会主席。目前参加独联体国防部长理事会的有阿塞拜疆、亚美尼亚、白俄罗斯、哈萨克斯坦、吉尔吉斯斯坦、俄罗斯、塔吉克斯坦、乌兹别克斯坦。

国防部长理事会的主要职能是：协调独联体成员国军事合作；审议独联体成员国军事政策和军队建设构想；提出防止独联体成员国发生武装冲突问题的建议；审议国防和军事建设方面的条约（协议）草案，必要时提交国家元首理事会审议；研究协调各成员国有关军事建设法律基础的建议；监督国防部长理事会工作机关的活动。

独联体联合武装力量总司令部，是根据1992年7月6日独联体国家首脑签署的《关于独立国家联合体联合武装力量总司令部活动组织的协议》组建的。独联体刚刚成立时曾经设想独联体内拥有联合武装力量，但实际上，各主权国家在独立后纷纷建立了自己的军队，联合武装力量的构想落了空。1993年9月24日，独联体成员国首脑决定把独联体联合武装力量总司令部改组为独联体成员国军事合作协调局。

独联体成员国军事合作协调局实际上是国防部长理事会的常设工作机构，其职能、权力、组成和结构以及活动的组织和领导人的义务均在1993年12月24日独联体国家元首理事会决议批准的条例中有明确规定。2000年7月21日，独联体国家元首理事会对独立国家联合体成员国军事合作协调局条例做了补充，批准了新版条例。2005年8月26日，独联体国家元首理事会在关于完善和改组独联体机关的决议中宣布，从2006年1月1日起撤销独立国家联合体成员国军事合作协调局，其职能转交国防部长理事会秘书处。

独联体国防部长理事会积极努力的工作有效扩大了多边军事合作，促进了整个独联体地区一体化进程的发展。

（五）独联体边防军司令理事会

独联体边防军司令理事会是国家元首理事会下设的负责保卫成员国外部边界和保证成员国国内局势稳定的机关。边防军司令理事会根据国家元首理事会批准的有关条例开展活动。

1992年7月6日，独联体国家元首理事会通过决议，成立边防军司令理事会。签署该决议的国家有亚美尼亚、白俄罗斯、格鲁吉亚、哈萨克斯坦、吉尔吉斯共和国、摩尔多瓦、俄罗斯联邦、塔吉克斯坦、土库曼斯坦、乌兹别克斯坦和乌克兰。阿塞拜疆作为观察员国参加边防军司令理事会。2009年8月18日，在俄格战争后，格鲁吉亚退出独联体，因此也退出了边防军司令理事会。

独联体国家元首理事会成立边防军司令理事会的目的是：根据独联体所有成员国的利益制定并审议保卫外部边界和经济区的战略和方法；在需

要采取共同行动时，协调独联体边防军的活动；起草供独联体国家元首理事会和政府首脑理事会决策的建议、文件草案，并审议条约（协议）草案；负责向独联体成员国国家元首理事会、政府首脑理事会、各国最高权力机关和管理机关提出关于保护外部边界、经济区和保证边防军活动的建议；审议关于独联体成员国外部边界现状的报告；研究和制定独联体成员国动员和行动问题以及军官培训、军事科学研究、边防军技术和后勤保障的建议；配合独联体国家元首理事会和政府首脑理事会下设的负责边界问题和发展全面合作的机关的工作。

为了履行边防军司令理事会承担的职能，根据1992年10月9日独联体政府首脑理事会决议，成立边防军司令理事会协调局，作为边防军司令理事会的常设机关。

边防军司令理事会协调局的主要职能是：起草独联体国家边界问题多边合作的决议（协议）草案；分析和总结独联体成员国边界问题多边合作的建议；协调独联体成员国边防军反对经过独联体外部边界非法移民和非法转运麻醉品的行动；搜集公开信息，总结和分析搜集到的关于独联体外部边界局势的材料，向边防军司令理事会提交报告；负责边防军司令理事会会议的组织工作；针对独联体成员国边界问题法律协调工作提出建议；参加对独联体成员国不稳定地区的共同监督和巡视；参加国际组织和独联体成员国机关组织的活动；协调独联体成员国边防军落实边防军司令理事会决议的行动。

（六）独联体集体安全委员会

1994年4月14日，除摩尔多瓦外的11个独联体国家的国防部部长在莫斯科举行特别会议，决定正式成立独联体集体安全委员会。摩尔多瓦表示考虑到国家的独立，只参加独联体有关的经济协定而不参加军事协定。

委员会成员由《独联体集体安全条约》成员国领导人和独联体联合武装力量总司令组成，有九个成员国：亚美尼亚、哈萨克斯坦、吉尔吉斯斯坦、俄罗斯、塔吉克斯坦、乌兹别克斯坦、阿塞拜疆、格鲁吉亚、白俄罗斯。1992年5月15日，亚美尼亚、哈萨克斯坦、吉尔吉斯斯坦、俄罗斯、塔吉克斯坦和乌兹别克斯坦六国领导人在塔什干签署《独联体集体安全条约》。阿塞拜疆、格鲁吉亚和白俄罗斯分别于1993年9月24日、12月9日和12月31日加入这一条约。该条约自1994年4月20日起生效，有效期为五年。该条约于1995年11月1日在联合国秘书处注册，这意味着，一旦任何一个缔约国面临侵略，其他几国要根据《联合国宪章》第51条的规定行使集体防御权，向受侵略国提供包括军事援助在内的必要援助，并用这些国家所拥有的各种手段援助受侵略国。

（七）独联体国家安全和情报机关跨国委员会

1996年9月12~13日，独联体国家安全和情报机关领导人会议在白俄罗斯维斯库利镇举行，独联体国家安全和情报机关领导人决定成立跨国委员会，以加强在反犯罪和刑事侦缉领域的合作。新成立的跨国委员会直属独联体国家元首理事会和政府首脑理事会。

当时在独联体12个国家中，只有土库曼斯坦和乌兹别克斯坦的安全情报机关领导人未在成立上述机构的文件上签字。这两个国家作为观察员参加这一机构。

（八）独联体反恐中心

20世纪90年代以来，独联体地区的恐怖活动与宗教极端主义、走私、贩毒等其他犯罪活动紧密联系在一起，影响了独联体的稳定和经济发展。为此，独联体各国首脑多次呼吁在打击国际恐怖主义和贩毒方面必须共同努力，并采取具体行动。

独联体反恐中心成立于2000年。2000年6月21日，独联体国家元首理事会会议通过《关于建立独联体国家反恐中心的决定》，同年12月1日，独联体国家元首理事会会议通过《反恐中心条例》，独联体反恐中心正式成立。

《反恐中心条例》确定了反恐中心的职能、任务、编制和结构。根据独联体《反恐中心条例》的规定，反恐中心是独联体常设的专门机构，其主要职能是协调独联体国家有关部门打击国际恐怖主义和其他极端主义的行动。反恐中心的主要任务包括：建立专业化的信息银行（资料库），搜集独联体地区国家、非政府机构和个人支持国际恐怖主义的信息。反恐中心对独联体成员国进行的侦查行动和针对国际恐怖主义采取的联合行动提供协助，并协助对跨国犯罪分子进行跨国侦缉。独联体反恐中心还从事反恐专家培训和反恐形势分析工作。

根据反恐中心的职能，中心设下列机构：行动协调局，形势分析、威胁预测和决议起草局，独联体国家反恐中心中亚地区分部，反恐中心科学咨询委员会等。

反恐中心的编制为60人，其中45人由独联体国家安全机关领导人理事会确定，五人由内务部长理事会确定，五人由国防部长理事会确定，五人由边防军司令理事会确定。中心设一名主任和三名副主任，任期三年，主任和副主任不能出自同一个国家。反恐中心主任为副部长级。

独联体反恐中心的成立在形式上解决了联合打击国际恐怖主义的问题。中心成立后，在协调反恐怖立法、建立反恐怖信息库、培训反恐怖斗争干部方面发挥了积极作用。反恐中心成立以来，举行了多次反恐怖演习，提高了独联体各国反恐怖机构的行动能力，并积累了经验，同时对国际恐怖主义起到了威慑作用。反恐中心的培训工作为独联体国家培养了大批专业化干部。

独联体反恐中心与联合国安理会反恐委员会、联合国禁毒署等国际组织建立了联系，并与一些国家的有关机构进行各种合作。独联体反恐中心与上海合作组织也有一些合作。

独联体反恐中心总部设在莫斯科，在中亚地区的分部设在吉尔吉斯斯坦首都比什凯克。反恐中心第一任领导人（2000年11月至2006年11月）是鲍里斯·梅利尼科夫中将，第二任领导人（从2006年至2021年）是安德烈·诺维科夫上将，第三任领导人（2022年1月1日起）是叶夫根尼·瑟索耶夫上将。这是2021年10月15日独联体国家元首理事会作出的决定。

（九）独联体跨议会大会

1992年3月27日，独联体创始国议会领导人在哈萨克斯坦阿拉木图签署协议，决定成立独联体成员国跨议会大会。签署该协议的有亚美尼亚、白俄罗斯、哈萨克斯坦、吉尔吉斯斯坦、俄罗斯联邦、塔吉克斯坦和乌兹别克斯坦。1993~1995年，阿塞拜疆、格鲁吉亚和摩尔多瓦先后成为

独联体

独联体跨议会大会成员。1999年，乌克兰最高拉达（议会）也加入独联体跨议会大会协议，成为其成员。2006年，阿富汗伊斯兰共和国议会成为独联体跨议会大会观察员。

跨议会大会是独联体跨议会机关。1995年5月26日，独联体国家领导人签署了《独立国家联合体跨议会大会公约》。该公约得到独联体九个国家议会的批准。根据该公约，独联体跨议会大会是一个独立的跨国组织并获得了国际组织的所有权力。公约确定了独联体成员国跨议会大会的活动形式。

独联体跨议会大会活动中关注的主要问题是协调独联体各国立法。

跨议会大会由独联体成员国议会代表团组成。各代表团成员经过任命或者由各国议会选举产生。

独联体跨议会大会理事会负责组织大会的活动。跨议会大会理事会由各国议会代表团领导组成。理事会选举主席。目前独联体跨议会大会理事会主席是俄罗斯联邦委员会主席马特维延科。独联体跨议会大会理事会通常每年召开两次会议。与此同时，独联体跨议会大会每年也召开两次全体会议。参加全体会议的代表，除各国议会代表团外，还有《独联体章程》规定建立的各机关代表、国际组织的观察员和伙伴以及专家。

独联体跨议会大会各常设委员会负责起草示范法典和其他法律文件供独联体跨议会大会理事会与全体会议审议。

2012年11月22日，独联体跨议会大会理事会还通过决定，建立独联体成员国青年跨议会大会，作为独联体跨议会大会的常设咨询机构。

独联体跨议会大会理事会常设行政机构是独联体跨议会大会理事会秘书处。秘书处由秘书长领导。秘书长由跨议会大会理事会主席提名并由理事会任命，任期三年。

秘书处负责协助独联体跨议会大会、独联体跨议会大会理事会以及根据《独立国家联合体跨议会大会公约》成立的其他常设或临时委员会等辅助机构开展工作。

独联体跨议会大会的主要职能包括：讨论成员国各领域合作问题并就这些问题向独联体国家元首理事会、政府首脑理事会以及独联体其他机构和各国议会提出建议;研究国家元首理事会或政府首脑理事会交办的问题并向国家元首理事会和政府首脑理事会等独联体机关提出相关建议;就协调成员国立法提出建议;起草示范法典并连同相关建议一起提供给独联体跨议会大会公约签署国议会;就各国议会同步批准独联体范围内签署的协议问题提出建议;就成员国立法与独联体范围内签署的国际条约的协调问题提出建议;促进成员国之间的立法信息交流;讨论其他跨议会合作问题。

如果跨议会大会没有特别规定,则跨议会大会全体会议主席由各国议会代表团轮流担任,轮值顺序由大会理事会决定。跨议会大会活动经费由各成员国按比例分摊。

独联体跨议会大会常设地点在圣彼得堡塔夫利达宫。跨议会大会理事会设在圣彼得堡,由六人组成,并设有五个工作委员会——法律问题委员会、经济和财政问题委员会、社会政治和人权问题委员会、环境问题委员会和安全委员会。

(十) 独联体经济法院

独联体经济法院成立于1992年。根据独联体国家元首理事会于1992年5月15日通过的《关于保证改善独联体国家经济组织间相互结算措施的决议》第五条的规定,决定成立独联体经济法院,以解决独联体各国法院不能插手的跨国经济争端。该协议建议独联体各成员国最高经济仲裁法庭向独联体国家元首理事会下次会议提出独联体经济法院人选和经济法院条例草案。1992年7月6日,独联体成员国白俄罗斯、哈萨克斯坦、吉尔吉斯斯坦、塔吉克斯坦和乌兹别克斯坦签署《关于独联体经济法院地位的协议》和《独联体经济法院条例》。该条例确定了独联体经济法院的组成、活动程序和权限。

根据独联体基础性文件,即1993年1月22日通过的《独联体章程》,独联体经济法院的职能是解决履行经济义务过程中产生的争端,经济法院还可以解决成员国协议授权范围内的其他争端。经济法院有权解释独联体其他经济类协议和法典。独联体经济法院根据国家元首理事会批准的《关于独联体经济法院地位的协议》和《独联体经济法院条例》开展工作。

欧亚经济共同体成立后,根据《独立国家联合体和欧亚经济共同体关于独联体经济法院履行欧亚经济共同体法院功能的协议》,自2004年3月4日起独联体经济法院开始履行欧亚经济共同体法院功能。经济法院履行该功能一直到2012年。

2016年9月16日,在独联体国家元首理事会纪念独联体成立25周年的会议上,通过了《关于独立国家联合体适应新形势的决议》和《关于独联体经济法院的决议》。2017年9月13日,独联体国家元首理事会通过两项决定:《关于独立国家联合体经济法院活动的若干问题的决定》和《关于1992年7月6日通过的关于独联体经济法院地位的协议修改议定书》。

独联体经济法院办公地址设在白俄罗斯的明斯克市。

二 独联体主要经济机构

(一)独联体经济联盟跨国经济委员会

1993年5月14日,在莫斯科举行的独联体国家元首理事会会议通过了建立独联体国家经济联盟的宣言。同年9月24日于莫斯科举行的首脑会议上,独联体亚美尼亚、阿塞拜疆、白俄罗斯、哈萨克斯坦、吉尔吉斯斯坦、摩尔多瓦、俄罗斯、乌兹别克斯坦、塔吉克斯坦九国领导人签署了《经济联盟条约》,决定成立独联体经济联盟。乌克兰也作为联系国在条约上签字。该条约规定独联体各成员间互相给予最惠国待遇,并建立共同的经济空间和统一的信贷政策。同年12月,独联体各国国家元首又在土库曼斯坦首都阿什哈巴德发表共同宣言,表示决心扩大和加强独联体各国间历史形成的传统友好合作关系,并通过了有关经济合作等21项文件。在这次会议上,土库曼斯坦也改变立场加入了独联体经济联盟。后来,格鲁吉亚等国也加入该联盟,使其扩大到独联体12个国家。1994年4月15日,独联体12国首脑举行会议,通过了经济联盟运转机制的原则协议,决定成立常设机构和建立自由贸易区,接纳乌克兰为该组织的联系成员。9月9日,独联体政府首脑理事会会议讨论了独联体国家一体化问题,决定建立独联体跨国经济委员会和支付联盟。

1994年10月21日，在莫斯科召开的第16次首脑会议上，独联体国家元首决定正式成立独联体第一个跨国经济机构——经济联盟跨国经济委员会，负责协调独联体各经济机构的活动并建立商品、劳务、资本与劳动力自由流通的经济区。它的成立标志着独联体开始走向以经济合作为中心的一体化新进程。它按欧洲联盟模式发展，成为独联体的第一个超国家机构。该委员会的投票权根据"一个国家的经济实力"进行分配，其中俄罗斯有50%的投票权，乌克兰有14%的投票权，同时，通过一项决议需要得到80%的选票。

独联体经济联盟跨国经济委员会是经济联盟的现行常设协调与执行机构，在保障加入《经济联盟条约》的成员国全权、自愿的基础上实行监督及管辖功能。独联体跨国经济委员会既是独联体的智囊中心，也是执行中心，不仅具有协调职能，而且还有指挥职能，既要解决日常的具体问题，如运输状况、能源提供、协议执行等，又要解决进一步加深一体化的重大战略问题。就业务范围而言，独联体跨国经济委员会隶属于独联体国家元首理事会与政府首脑理事会。

独联体跨国经济委员会的宗旨是：保证经济联盟的组建与卓有成效的运作，合理发展独联体的一体化进程。

独联体跨国经济委员会的基本职能是：通过建立支付联盟、自由贸易区、海关联盟以及商品、服务、资本与劳动力共同市场、货币联盟机制的途径来组建经济联盟；达成经济关系的和谐调控；支持企业界，促进共同市场基础设施的发展。共同市场包括跨国企业联合体、金融工业集团、财政信贷与保险体系、合资企业，就代表共同利益的社会问题达成一致决议。

独联体跨国经济委员会的最高机构是主席团。主席团由《经济联盟条约》的成员国政府副总理组成。主席团设主席一职，由进入主席团的政府副总理选举产生，任期一年。

在主席团会议期间，其工作机构的职能是由《经济联盟条约》成员国的全权代表组成的集体委员会完成。集体委员会由独联体国家元首理事会任命的主席领导，任期三年，负责总体经济、社会问题及部门合作问题的跨国家、跨政府协调咨询机构附属于跨国经济委员会开展活动。这些机构的领导人在参与集体委员会工作时具有协商表决权。

（二）经济理事会

经济理事会是一个由独联体成员国政府副总理组成并集体领导的基本执行机构。根据2000年1月25日独联体国家元首理事会《关于组建独联体经济理事会的条例》的决议，经济理事会遵循独联体成员国间缔结的基本文件与协定、独联体国家元首理事会与政府首脑理事会之决议、《经济联盟条约》以及成立理事会的条例，在承认国际法公认准则与尊重独联体国家主权的基础上开展工作。经济理事会由独联体国家元首理事会与政府首脑理事会管辖，旨在保障执行独联体框架内通过的协定、独联体国家元首理事会与政府首脑理事会关于建立运行自由贸易区的决议以及社会经济合作的其他任务，解决属于其管辖范围的问题，办理独联体国家元首理事会与政府首脑理事会委托事宜。

经济理事会的基本业务方向是：促进深化独联体多边经济合作，建立运行自由贸易区，为建立在商品、服务、劳动力与资本自由流动基础上的经济合作向更高层次发展提供便利；发展私营企业，建立金融工业集团、财政信贷与保险体系、合资企业、市场基础设施，确立多种所有制形式生产者之间的直接联系，优化投资合作等领域的合作规划；制定关于发展工业、农业、交通，开采能源与原料物资以及解决自由过境问题的联合纲要与方案；扩大在教育、卫生健康、社会保障与文化方面的合作。

经济理事会的基本职能是：促进建立与运行自由贸易区的有关措施的实施，包括降低与取消关税、所得税，建立价格与非价格调控机制；制定建立商业及其他交易的相互结算支付体系的规划；为建立在商品、服务、劳动力与资本自由流动基础上的经济合作向更高层次发展制定法律与创造经济环境；通过为农工综合体的商品生产与服务创造条件，发展农业机械与设备制造，建立粮食批发市场与共同农业市场；促进深化科技领域合作，保障公开的科技信息，保护知识产权并向科研机关、专家与学者提供国民待遇；在分析社会发展基本趋势与经济改革进程的基础上制定独联体成员国经济合作前景规划；制定关于完善制造工艺的建议，与有关国家就发展经济问题协商联合纲要；在标准、统计、度量、产品合格证、环境与自然资源保护、避免与消除自然灾害领域采取一致措施；促进独联体框架内国家立法的一致性。

在落实其职能方面，经济理事会制定有关经济与社会问题的建议与文件草案并提请独联体国家元首理事会与政府首脑理事会审议；审议独联体国家元首理事会与政府首脑理事会有关决议的执行情况；定期向独联体国家元首理事会与政府首脑理事会提交关于独联体成员国经济社会发展趋势与一体化进程的报告；在独联体国家经济与社会政策领域，就体现相互利益的问题举行研讨会；在指定领域交流经验与信息；协调跨国家与跨政府社会经济问题机构的活动；向独联体有关机构质询必要信息并委托其解决社会—经济合作问题。

经济理事会会议按必要程序进行，但每季度不少于一次。

根据 1999 年 4 月 2 日《关于独联体各机构主席地位的决议》，经济理事会会议主席由独联体成员国在理事会的代表轮流担任。

（三）独联体跨国货币委员会

1995 年 5 月 26 日，独联体国家元首和政府首脑联席会议在白俄罗斯明斯克市举行，多数与会者本着求同存异、推进独联体联合尤其是经济合作的精神，讨论和通过了相应的一系列文件，其中对各国具有迫切意义的是关于建立跨国货币委员会的协议。除土库曼斯坦弃权外，其余 11 国都赞同成立跨国货币委员会。这些国家认为，该委员会可以协调各国的货币金融政策和外汇政策，解决各国间相互欠债问题，进而推进各国间的经济合作步伐。

苏联解体之初，由于新独立的国家纷纷发行了本国货币，卢布失去了统一支付手段的功能，同时各国又未能找到货币相互兑换的办法，结果各国间的经贸关系倒退到了易货交易。在这种背景下设立跨国货币委员会，有助于协调货币金融政策，促进形成统一的商品、服务、资金和劳务市场。

三 独联体其他机构

(一) 独联体部门合作机构

《独联体章程》还规定可以建立部门合作机构，以协调经济、社会、文化及安全领域的部门合作，迄今为止已经成立70余个部门合作机构。部门合作机构一般由独联体成员国有关部门领导人组成。部门合作机构的主要职能和工作内容是在自己职权范围内提出各国合作建议并提交政府首脑理事会会议审议。

这些部门合作机构主要包括：独联体统计委员会、跨国机械制造部长委员会、跨国煤炭和金属生产欧亚联合体、跨国反垄断委员会、跨政府农工综合体问题委员会、跨政府种子繁殖问题协调委员会、跨政府畜牧业合作问题委员会、独联体成员国国家铁路运输委员会、航空与空间利用委员会、跨国宇宙委员会、独联体电力委员会、跨政府石油天然气委员会、跨政府石油化工合作委员会、对外经济部长委员会、跨国家银行、独联体国家海关关长委员会、跨国货币委员会、跨国紧急状态委员会、独联体国家文化艺术合作委员会、独联体国家旅游委员会、独联体国家军事体育技术组织（协会）主席委员会等。

1991年12月，独联体统计委员会成立，根据独联体政府首脑理事会1995年5月26日的决议，该委员会改组为独联体国家统计委员会。委员会负责制定并推行统一的统计政策，编辑独联体成员国框架内的综合资料。

独联体跨国和跨政府理事会在经济、科学、生态、交通等领域发挥作用，并在以下方面协调执行机关各部门机构的协作。

工业：跨国机械制造部长委员会、跨国煤炭和金属生产欧亚联合体、跨国反垄断委员会等。

农业：跨政府农工综合体问题委员会、跨政府种子繁殖问题协调委员会、跨政府畜牧业合作问题委员会。

交通及通信：独联体成员国国家铁路运输委员会、航空与空间利用委员会、跨国宇宙委员会、跨国咨询委员会——无线电导航组织、通信领域的地方合作组织、独联体成员国跨政府机要通信协调委员会。

科学技术进步：跨国科学技术委员会、跨国保护工业财产问题委员会、跨国科技信息协调委员会、独联体成员国信息技术协调委员会。

能源：独联体电力委员会、跨政府石油天然气委员会、跨政府石油化工合作委员会。

贸易、财政及海关政策领域：对外经济部部长委员会、跨国家银行、独联体国家海关关长委员会、跨国货币委员会。

生态环境安全：跨政府生态环境委员会、跨政府水文委员会。

自然与非自然紧急状态：跨国紧急状态委员会。

安全及预防犯罪：内务部长委员会、安全与特工机构领导人委员会、总检察长协调委员会、税务（财政）检查机构领导人委员会。

为协调独联体成员国的工作并记载其他领域的协作，独联体成立了以下跨国（跨政府）委员会：独联体国家内务部长委员会，跨国广播电视公司—"和平"跨国协调委员会，独联体国家公民关于劳务、移民及社会保障咨询委员会，独联体国家医疗卫生合作委员会，独联体国家文化艺术合作委员会，独联体国家旅游委员会，独联体国家军事体育技术组织（协会）主席委员会，打击有组织犯罪及其他形式犯罪活动局，独联体国家政府首脑委员会下属的国际主义战士事务理事会，独联体国家国际私法科学咨询中心，独联体国家法律咨询委员会等。

（二）独联体人权委员会

独联体人权委员会是独联体的咨询机构，负责监督成员国在独联体范围内承担的人权义务的履行情况。独联体人权委员会是根据1993年1月22日独联体成员国国家元首理事会通过的《独联体章程》和1993年9月24日通过的《独联体人权委员会条例》成立的。独联体人权委员会所在地为白俄罗斯明斯克市。

人权委员会由独联体成员国的代表组成。参加人权委员会会议的有成员国代表和副代表，以及代表成员国人权委员会代表和副代表的权威人士、顾问和专家。

1995年，独联体还通过了《独联体人权和基本自由公约》。该公约于

27

独联体

1998年生效。《独联体人权委员会条例》规定了人权委员会的组成和工作程序以及与成员国有关司法程序的关系。

独联体成立30年来，一直试图仿效西欧人权实践，并通过了一系列文件，如2002年生效的《独联体民主选举公约》、2008年提出的《经济、社会及文化权利国际公约任择议定书》等。但是在实践上，独联体国家与欧洲人权机构龃龉不断。

（三）独联体国家通讯社联合会

独联体国家通讯社联合会成立于1996年12月10日，由独联体成员国国家通讯社负责人在莫斯科举行的会议上宣布成立。其宗旨是加强独联体各国通讯社在独联体及全世界范围内信息的交流与合作，客观报道独联体各国各个生活领域的情况。它每天发布自己的新闻公报和图片，其材料由成员自愿提供，每个成员通讯社都有权提供它认为最有意义的材料，其他成员不应进行任何修改。

该联合会的创始成员包括俄罗斯、白俄罗斯、哈萨克斯坦、吉尔吉斯斯坦、塔吉克斯坦、摩尔多瓦、亚美尼亚、阿塞拜疆八个国家的国家通讯社。

第三节 独联体建立伊始的机制建设

独联体建立伊始，面临机制建设的任务。一系列法律法规相继出台，标志着独联体向制度化的道路迈进。同时，独联体初建过程中也面临一些问题，需要各国共同面对和解决。

一 条约法律基础的形成

在独联体成立初期签署的一系列文件中，有四个最基本的文件，即《关于建立独立国家联合体的协定》、《关于建立独立国家联合体的协定议定书》（以下简称《协定议定书》）、《阿拉木图宣言》和《独联体章程》。此后，在独联体的多次峰会上，一些重要的协议包括《关于独联体国家元首理事会和政府首脑理事会的临时协议》《关于战略力量的协议》

《关于武装力量和边防军的协议》等又被补充进来，它们共同构成了独联体的条约法律基础。

俄、白、乌三国领导人在签署的《关于建立独立国家联合体的协定》中证实，"苏联作为国际法主体和地缘政治实体将终止存在"。该协定第一款指出："签署国各方建立独立国家联合体。"各方承担的义务：保证本国公民平等权利和自由；保护少数民族；发展各族人民和国家在政治、经济、文化、教育、保健、环保、科学、贸易、人文领域的互利合作，促进广泛的信息交流，诚挚地毫无保留地遵守相互义务。协议第七款明确了各方共同活动的领域：协调对外政策；建立和发展统一经济空间、全欧和欧亚市场以及关税政策领域的合作；发展交通、通信合作；加强环保领域的合作，参与建立全面经济安全体系；移民政策问题；与有组织犯罪做斗争。

1991年12月8日，除波罗的海三国以及格鲁吉亚之外的11国领导人在阿拉木图聚会，签署了《协定议定书》。该议定书明确指出："各国在平等原则基础上作为缔约各方组建独立国家联合体。"一年后通过的《独联体章程》在第一款中指出："独联体不是一个国家，也不具有超国家权力。"

独联体成立文件（《关于建立独立国家联合体的协定》《协定议定书》《阿拉木图宣言》《独联体章程》）中列出了独联体的基本目标和任务，即保持成员国和人民之间的经济、政治、军事和历史文化等联系。

1991年12月31日，在明斯克峰会上通过了《关于独联体国家元首理事会和政府首脑理事会的临时协议》，据此成立了独联体主要机构，以便有效协调和发展平等互利合作关系。该协议规定：所设立机构负责商讨相关问题，必要时就最主要的对内和对外政策问题以协商一致原则通过相关决议。该协议对协商一致原则作出特别解释：任何国家都可以声明自己对某个或某些问题不感兴趣，不参加有关方通过的决议。从独联体开始活动起，上述决策原则就为个别国家不参加某些共同行动提供了坚实的法律基础，以致后来出现只有半数或少于半数国家通过文件的

独联体

情况。

在此次峰会上,独联体国家首脑审议了一系列迫切问题,并签署了《关于战略力量的协议》。该协议指出:"在彻底销毁核武器之前,必须使用核武器的决定由俄罗斯联邦总统在与白俄罗斯共和国、哈萨克斯坦共和国、乌克兰等国首脑,以及独联体其他成员国首脑磋商后作出。"协议指出,销毁部署在白俄罗斯、乌克兰的核武器须在白俄罗斯、乌克兰和俄罗斯参与下并在独联体国家共同监督下实现。协议参加国有义务"遵守苏联的国际条约并在国际安全、裁军和军控方面实施协调的政策,参与起草和落实缩减武器和武装力量计划"。

独联体首脑还单独通过了《关于武装力量和边防军的协议》,重申"各国有建立本国武装力量的合法权利"。文件规定,各国在两个月时间内与武装力量总司令一起确定根据各国立法管理统一部队的程序,以及循序渐进地落实建立本国武装力量的权力。乌克兰领导人声明愿意立即执行这个任务,为此,协议专门为乌克兰设定了将1992年1月3日作为执行任务的具体日期。

明斯克峰会还审议了苏联财产的分配问题。在所签署的《关于苏联在境外财产的协议》中指出,每个独联体国家都有权获得一份合理的份额。为了制定分配境外全部财产的标准和原则,独联体各国成立了跨国委员会。

值得注意的是,独联体成立的第一年与后来时期相比,无疑是聚会最频繁的一年,国家元首会晤八次,政府首脑会晤七次。这是必要且必需的,因为没有相应的法律基础,新独立国家之间的关系将无法建立。

二 独联体"参加国""成员国"的界定

独联体"参加国"和"成员国"的界定是一个非常重要的问题,它反映了独联体国家在组织内所拥有的权限各有不同。各国对建立独联体法律基础的态度存在巨大差异,这导致关于独联体成员资格的表述不能统一。《独联体章程》(章程第七条)中使用的术语是"独联体创始国""独联体成员国"。独联体的"创始国"是指在该章程通过前已分别于

1991年12月8日、12月21日签署和批准《关于建立独立国家联合体的协定》和《关于建立独立国家联合体的协定议定书》的国家。

独联体经济法院对哪些国家是参加国、哪些国家是成员国作出过解释。根据1994年3月31日的决议，独联体参加国是指那些签署1991年12月8日《关于建立独立国家联合体的协定》和1991年12月21日《关于建立独立国家联合体的协定议定书》，并完成文件生效必要手续的国家，包括阿塞拜疆、亚美尼亚、白俄罗斯、格鲁吉亚、哈萨克斯坦、吉尔吉斯斯坦、俄罗斯、塔吉克斯坦、土库曼斯坦、乌兹别克斯坦、乌克兰和摩尔多瓦。独联体经济法院在审议独联体成员国资格问题时依据的是《独联体章程》第七条。据此，在国家元首理事会通过《独联体章程》后一年内接受章程义务的创始国可以成为独联体成员国。根据这个标准，获得成员国资格的国家有亚美尼亚、白俄罗斯、哈萨克斯坦、吉尔吉斯斯坦、俄罗斯、塔吉克斯坦、乌兹别克斯坦、阿塞拜疆、格鲁吉亚和摩尔多瓦。

因此，独联体建立之初，有12个国家被视为独联体参加国，有十个国家被视为独联体成员国。乌克兰和土库曼斯坦是独联体的参加国，而不是成员国。因为两国并没有批准《独联体章程》。2005年8月，土库曼斯坦退出独联体，后以联系国身份参与组织活动。2008年8月14日，格鲁吉亚宣布退出独联体，2009年8月18日正式退出。2014年3月，因克里米亚归并入俄问题，乌克兰宣布退出独联体。2018年4月12日，乌克兰有意加快加入欧盟和北约的步伐，又一次宣布将正式退出独联体。2018年5月19日，乌克兰签署了《关于终止在独立国家联合体框架内缔结的国际条约对乌克兰效力的法令》，并从独联体法定机构撤出其代表。

《独联体章程》中"独联体成员国"的概念更具体、更准确，而且章程制定者考虑到，随着时间的推移独联体会变成正式的国际组织，章程中阐述的义务就是针对独联体成员国的。因为，国际组织的特征之一就是"成员国资格"。独联体因此也就具备国际组织的全部特征，即：独联体是主权国家通过签署国际条约成立的；成立文件明确指出它的法律基础是

独联体

国际法；根据《独联体章程》，独联体由创始国、成员国组成，规定了联系国资格和观察员国地位；独联体是为了共同的目标而成立的，并且有一定权限；它具有常设组织机构，包括决策机构和履行职能的秘书处；独联体拥有成员国按照份额分配形成的预算；独联体作为国际组织得到联合国承认（《独联体章程》在联合国秘书处登记备案）；独联体具有联合国大会观察员资格，独联体执行秘书通常可以出席联合国大会会议，出席联合国秘书长举行的国际组织和地区组织会议。独联体还是联合国贸易和发展会议的观察员。

总体来说，迫于当时的形势，独联体是在仓促之中建立起来的。因此，独联体各国的合作在某种程度上不是出于良好的意愿，而是迫于现实压力。突如其来的独立让独联体各国措手不及，随时可能失去的独立又让它们惊恐不已。如此心理导致各国离心离德，无法团结一致。突出表现就是，一方面各国领导人宣布愿意密切合作，希望经常会面尽快解决苏联解体带来的问题，但是，某些国家领导人以各种理由缺席会议，并且后来都采取特殊立场；另一方面他们又急于与独联体地区外的第三国发展联系。

各国关注的焦点主要集中在三个方面。军事上，主要涉及武装力量的命运，履行裁减战略进攻性武器，以及遵守苏联在国际安全、裁军和军控领域的国际条约等问题；经济上，价格自由化和经济改革是各国都十分重视的问题；安全上，是否构建新的集体安全体系是新独立各国面临的重要课题。

由此可见，在初建过程中，独联体起到了应有的作用，特别是独联体在新型主权国家形成过程中，在加强主权和共同解决诸多问题方面功不可没。但是，独联体各国还是把重点放在了解决自身问题上，而不是独联体的普遍问题上。当时的独联体并没有成为团结一致的由成员国授权发声的国际组织。

第二章

独联体地区一体化进程

苏联时期，各个加盟共和国结成了统一的经济、安全和人文空间。苏联解体后，各独立的主权国家发现原有的联系无法割裂，彼此仍然相互依存。于是，独联体地区的一体化进程应运而生。随着时间的推移，独联体地区整体一体化无法满足组织内国家对一体化水平的不同要求，因此，又在该地区组织框架下，衍生出多个次区域一体化组织。它们是独联体地区不同领域深度一体化的结果。独联体地区的一体化进程主要集中在经济、军事和人文等各个领域。在急剧变化的客观环境下，一体化保障了地区内国家的经济发展、社会稳定和集体安全。

第一节 独联体地区经济一体化进程

1993年9月24日，独联体国家首脑签署了《独联体经济联盟条约》，尝试推进独联体地区经济一体化。经过多年的发展，独联体地区的经济一体化呈现出多样化和多层次的特征，既有初级水平的自由贸易区，也有较高水平的关税同盟，还有更高水平的经济联盟，即以中亚合作组织、欧亚经济共同体、四国统一经济空间，以及欧亚经济联盟[①]等为代表的次区域经济一体化组织。它们与独联体整体的经济一体化并行发展，是独联体地区经济一体化必不可少的有益补充。

---

① 2005年10月，中亚合作组织与欧亚经济共同体合并。2015年1月1日，欧亚经济联盟成立。

独联体

一 独联体地区经济一体化的背景

独联体作为新兴的多边国际组织,其经济一体化有着深刻的外部和内部因素。独联体地区经济一体化既是大势所趋,也是内部需要。

从外部因素来看,经济全球化给世界各国和地区带来冲击,区域经济一体化合作蓬勃发展,独联体国家亦无法置身事外。

20世纪80年代初,国际分工不断加深。贸易国际化、生产经营跨国化、金融全球化,这些经济全球化的表现冲击着每一个国家。90年代初正处于转轨时期的独联体国家就处在经济全球化的浪潮中。与此同时,世界经济区域一体化趋势不断加强,欧洲联盟、北美自由贸易区、南方共同市场、西非共同体等一体化组织蓬勃兴起和发展,为独联体国家起到了良好的示范作用。因此,为应对全球化带来的挑战,独联体国家吸取其他跨国集团的经验,摸索各国能够接受的合作模式,开始了经济一体化的初步尝试。[①]

从内部因素来看,历史上形成的相互依存的经济联系使独联体国家具备了经济一体化的前提和条件。

独联体地区经济一体化有先天的优势:所有独联体国家处于统一的欧亚空间,经济一体化可保证扩大市场规模,缩减过境费用;庞大的市场,既有利于投资者建立独立的生产企业,又有利于吸引外国直接投资;各国间经济联系密切,具有大量的联合项目……各国可以通过一体化,在多边谈判中强化自身立场;通过市场和技术交流促进民族经济结构改革。[②] 同时,"在苏联时期,根据各自自然资源禀赋特点,15个加盟共和国按照统一的国家地域生产力布局原则,以及原料产地指向、技术中心指向和消费地指向配置了不同的经济和产业部门,形成了非常明确而固定的分工协作关系。在专业化和生产协作的基础上,各共和国逐渐形成了相互依赖和相互补充的经

---

① 参见《Внегшняя политика стран СНГ》,с. 22,ОООИздательство《Аспект Пресс》。
② 参见《Внегшняя политика стран СНГ》,с. 22-23,ОООИздательство《Аспект Пресс》。

济联系"。① 这种紧密的经济联系是独联体走向经济一体化的重要内部原因。

除此之外，俄罗斯作为独联体体量最大、实力最强的国家，积极推动该地区的一体化进程，其对独联体地区经济一体化发挥了主导作用。

二 独联体地区经济一体化的分期

独联体地区经济一体化并非从零开始。虽然苏联解体了，但是新独立的国家还保有共有的技术、共同的交通基础设施和交通通信网络，以及能源系统。在独联体建立至今的30多年中，其经济一体化发展进程大致可以作如下分期。

第一阶段：1991~1993年。该阶段是独联体建章立制的阶段，以《独联体章程》通过为结束标志。在这一阶段，独联体通过了一系列重要文件，奠定了成员国的组织基础和法律基础；建立了制度化体系；一些跨国、跨政府委员会开始运转，并尝试协调各国在某些领域的合作；首脑定期会晤机制确立；经济、军事、社会等领域合作的法律基础得以建立。② 在这个阶段，独联体的经济一体化计划还在酝酿之中，还没有真正实施起来。

第二阶段：1994~1997年。这是一个对积极构建联盟含有过高期待并充满浪漫色彩的时期。③ 在这一阶段，尽管连最基础的一体化形式——自由贸易区都没有建立，独联体还是通过了各种联盟性质的方案，如经济联盟、海关联盟、支付联盟、外汇联盟等，但最终却没有落实。虽然实践证明一体化进程是循序渐进的过程，但这个时期对一体化设计的考量并不是从经济角度出发，而是从现实需要出发，这就使得联盟在最初设计上带有浪漫主义和急功近利的色彩。

1994年，为协调经济合作成立了跨国经济委员会。该委员会通过了

---

① 李建民：《独联体经济一体化十年评析》，《东欧中亚研究》2001年第5期，第12页。
② В·П·Воробьев：《Проблемы развития и реформирования СНГ》，с.14, Москва, Дипломатическая академия МИД России, 2009.
③ В·П·Воробьев：《Проблемы развития и реформирования СНГ》，с.15, Москва, Дипломатическая академия МИД России, 2009.

独联体

数十个宣言和决议,却没有解决最主要的和最重要的经济任务——循序渐进地建立统一经济空间,首先是自由贸易区的问题。这一时期包括跨国银行、跨国外汇委员会、欧亚煤炭和金属联合体、跨国石油和天然气理事会等50多个独联体机构得以建立。

1995年,独联体地区经济一体化最积极的国家俄罗斯联邦、白俄罗斯和哈萨克斯坦签署了关税同盟协议。这个文件规定要消除成员国经济主体合作的壁垒,以保证商品自由流动和良性竞争。此后,吉尔吉斯斯坦(1996年)和塔吉克斯坦(1999年)也参加了该协议。虽然这个协议获得通过,但是并未生效,成员国希望按照欧盟样板建立合作机制的尝试未能成功。

俄罗斯一直主张实现独联体地区经济一体化,但由于各国政治意愿、发展水平、利益取向等存在巨大差异,整体一体化举步维艰。在此背景下,俄罗斯开始推动独联体向"不同速度一体化"过渡,俄罗斯制定了原则性文件——《俄罗斯对独联体国家战略方针》。[①] 俄罗斯开始实施分阶段、分层次的一体化战略。

第三阶段:1998~2001年。这一阶段是各国对独联体十年发展进行反思的阶段。各国逐渐消除不切实际的想法,开始向实用主义合作过渡。[②]

独联体建立伊始,年轻的独联体各国希望快速融入世界经济体系,在西方国家和国际金融机构帮助下实行市场经济,但是希望很快破灭了。独联体国家的执政精英意识到,必须在顾及独联体所有国家利益的基础上开展合作。这一时期专门召开了独联体的跨国论坛。但是,论坛结束后推行的改革并没有给独联体带来积极变化,也没有提高独联体框架下通过决议的效率。显然,独联体整体经济一体化收效甚微。于是独联体开始尝试建立次区域结构,旨在克服个别国家以保护主权为借口抵制现实一体化的做法。

第四阶段:2002~2014年。这是以实用主义、互惠互利和尊重彼此利

---

① Стратегический курс России с государствами - участниками Содружества Независимых Государств. Указом Президента Российской Федерации от 14 сентября 1995 г. No940.

② 参见 В・П・Воробьев:В・П・Воробьев:《Проблемы развития и реформирования СНГ》,с.16,Москва,Дипломатическая академия МИД России,2009。

益为基础的合作时期。

这一阶段，俄罗斯大力推动建立和发展俄白联盟国家、欧亚经济共同体、俄白哈关税同盟、统一经济空间等经济一体化组织。在这些一体化结构中，以俄白哈关税同盟为核心的独联体次区域经济一体化进程取得重要进展。2009年底，俄白哈关税同盟启动；2010年1月1日起，三国对外实行统一进口税率（部分商品有过渡期）；2010年7月1日起，俄、白率先取消关境；2011年7月1日起，俄、哈取消关境。2011年10月18日，在独联体政府首脑理事会会议上，除阿塞拜疆、乌兹别克斯坦和土库曼斯坦三国外的独联体八国[①]，签署了关于建立独联体自由贸易区的协定。同年10月19日，欧亚经济共同体政府首脑理事会宣布，接纳吉尔吉斯斯坦加入俄白哈关税同盟。

第五阶段：2015年至今。这是欧亚经济联盟引领独联体地区一体化阶段。

虽然经过多年的努力，独联体的一体化有了不同程度的发展，但是其整体一体化进程并不十分顺利，这也使得独联体经济整体一体化转向部分国家间更深层次的经济合作，并最终形成了较为成熟的独联体次区域经济一体化组织——欧亚经济联盟。2015年成立的欧亚经济联盟是独联体成立以来最成功的经济一体化形式，在复杂的世界经济和政治形势下，它引领独联体地区各国探索更广阔的区域合作，尤其与"一带一路"倡议对接合作，它对成员国经济发展和国家间合作发挥重要促进作用，对后苏联空间一体化起到示范和引领作用。

第二节 独联体的军事合作

后苏联空间军事政治一体化合作是在独联体和集体安全条约组织框架下，通过建立集体安全体系、双边或多边军事合作来实现的。一方面，各

[①] 这八个国家是亚美尼亚、白俄罗斯、哈萨克斯坦、吉尔吉斯斯坦、摩尔多瓦、俄罗斯、塔吉克斯坦、乌克兰。此时，格鲁吉亚已退出独联体。

独联体

国面临共同的安全威胁与挑战；另一方面，单个国家的军事安全能力毕竟有限，这两方面原因促使独联体各国开始发展军事合作。

一 独联体军事领域法律文件的签订

在1991年12月8日签署的《别洛韦日协定》关于军事与国防建设的条款中，独联体国家就明确表示，要积极合作以保证国际和平与安全，并采取有效措施缩减军备和军费开支，希望消除所有核武器，在严格的国际监督下普遍地、全面地裁军；对取得无核区和中立国地位的伙伴表示尊重。俄罗斯联邦、白俄罗斯共和国和乌克兰领导人还声明，将在统一指挥下保存和支持共同的战略空间，包括对核武器实行统一监督，为战略武装力量提供物质和社会保障。后来这些原则成为独联体框架内签署的关于军事问题的多边条约和协议的基础。

1992年2月14日，独联体部分国家（亚美尼亚共和国、哈萨克斯坦共和国、俄罗斯联邦、塔吉克斯坦共和国和乌兹别克斯坦共和国）通过了《关于组建独联体国防部长理事会和联合武装力量总司令部的决定》。1993年1月22日，吉尔吉斯斯坦参加该决定。1992年3月20日，独联体部分国家签署了《关于过渡时期联合武装力量的协议》。

尽管独联体各国希望保存联合武装力量，但各国还是把重点放在了建立和发展本国军队上，这就涉及原苏联武装力量的分配问题。而实际上，独联体各国武装力量和装备水平无法达到完全均衡。

独联体建立之初在军事上最重要的标志性事件是其成员国通过了《关于战略力量的协议》。该协议第三条规定："必须统一指挥战略力量，统一保存核武器和其他大规模杀伤性武器。"[①] 1992年7月，除阿塞拜疆和格鲁吉亚以外的其他十个独联体国家继续支持俄罗斯作为有核国家参加《核不扩散条约》，而其他九国作为无核国家参加《核不扩散条约》。当时不仅俄罗斯领土上有核武器，白俄罗斯、哈萨克斯坦和乌克兰也拥有核武

---

① В·П·Воробьев:《Проблемы развития и реформирования СНГ》, с.14, Москва, Дипламотическая академия МИД России, 2009.

器，该协议实际在法律上承认了俄罗斯是苏联核武器的继承国，表明俄罗斯在按照新原则建立的集体安全体系中具有核心作用。[①]

苏联解体后的最初几年，乌克兰、白俄罗斯和哈萨克斯坦还是有核国家，拥有苏联时期部署的核武器。如何对待这些国家的核武器，是国际社会关心的重要问题。1994 年，乌克兰决定放弃并销毁核武器，以换取美国、英国和俄罗斯对其安全及独立的保证。四国在这一年签署了《布达佩斯安全保障备忘录》，乌克兰核问题得到解决。之后，白俄罗斯共和国和哈萨克斯坦共和国也决定实施无核化政策，部署在这些国家的核武器或被销毁，或被运到俄罗斯。

随着独联体国家逐渐都成立了本国的武装力量，1993 年 9 月，独联体武装力量总司令部改组为"独联体国家军事合作协调参谋部"，同时，战略核力量的管理权也移交给了俄罗斯国防部。

后来，在独联体框架内各国又先后签署了《关于独联体一体化发展的主要方针备忘录》和《独联体一体化发展前景规划》（1994 年）、《集体安全构想》（1995 年）、《关于建立联合防空系统的协议》（1995 年）、《关于在独联体维和集体力量的条例》（1996 年）等文件。

二 集体安全体系的建立

在签署一系列军事合作条约的同时，独联体国家也在建立共同的安全体系。1992 年 3 月 15 日，亚美尼亚共和国、哈萨克斯坦共和国、吉尔吉斯共和国、俄罗斯联邦、塔吉克斯坦共和国和乌兹别克斯坦共和国领导人签署了《集体安全条约》。1993~1994 年，白俄罗斯共和国、格鲁吉亚和阿塞拜疆共和国也加入了该条约，此后该条约被批准并开始生效。1999 年，阿塞拜疆共和国、格鲁吉亚和乌兹别克斯坦共和国没有在《集体安全条约》延长五年的协议上签字。

2002 年 5 月 14 日，在集体安全条约成员国莫斯科峰会上通过了一项

---

① В·П·Воробьев:《Проблемы развития и реформирования СНГ》, .c.15, Москва, Дипламотическая академия МИД России, 2009.

独联体

决议，把"集体安全条约"变为一个正式组织——集体安全条约组织（以下简称"集安组织"）。至此，独联体地区出现了正式的军事政治同盟。

2002年10月7日，集安组织成员国在摩尔多瓦首都基希讷乌市签署了《关于集体安全条约组织的法律地位的协议》，2003年10月18日，该协议生效。2006年8月16日，在集体安全条约组织索契峰会上，乌兹别克斯坦被接纳为集体安全条约组织正式成员。

除了建立和发展集体安全条约组织，独联体国家还签署了一系列军事合作文件，构建共同的安全体系。

1992年，独联体国家签署了《关于保护成员国国界和海上经济区的协议》《关于就保证独联体成员国外部边界稳定进行合作的协议》《关于独联体边防军地位的协议》，以及其他保证独联体边界不可侵犯的文件。1996年1月，独联体国家通过了《在独联体国家领土上防止和协调冲突构想》。该构想确定了独联体国家防止和调解冲突、解决争端和分歧的一般原则，有助于防止和调解独联体国家之间的争议问题，缓解冲突局势，协调冲突双方观点，探索互相可以接受的条件。1996年1月，独联体国家元首理事会批准了《独联体集体维和力量条例》。独联体集体维和力量是临时性联合部队，在有维和任务的情况下组建，负责协助调解独联体国家领土冲突。

还有一点不容忽视，独联体军工合作是军事政治合作的必要补充，是构建共同安全体系的物质保障。恢复独联体框架下的科学技术和军工生产合作，有助于减少军工产品的生产耗费，提高经济效益。因此，根据独联体政府首脑理事会2004年9月15日的决议和集体安全条约组织集体安全理事会2005年6月23日的决议，成立了集体安全条约组织成员国跨国军事经济合作委员会。以此为平台，独联体各国在国防产品标准化、建立集体安全条约组织成员国武器装备供应产品名录系统、完善军品供应机制、发展弹药工业行业一体化等问题上进行了有效沟通和合作。

第三节 独联体的人文合作

独联体存在30年来的实践表明,人文合作是一体化进程的基础。独联体国家人文合作发展顺畅,内容丰富多彩。

独联体人文领域是由11个行业合作机构组成的体系,包括人文合作委员会、青年事务委员会、保健事业合作委员会、教育合作委员会、文化合作委员会、体育运动合作委员会、旅游合作委员会,以及期刊与图书出版、图书发行和印刷合作委员会,劳动、移民和居民社会保障协商委员会,基础科学合作委员会,独联体成员国外交部领事部门领导人协商委员会。独联体执行委员会还设立专门的司,即人文合作、一般政治和社会问题司,负责履行各委员会工作机构的职能并组织各秘书处的工作。该司还负责支持独联体国家27个基础合作单位各合作方向的活动,包括2个关于劳动标准的组织、17个教育组织、6个文化组织、2个青年和青年实业发展组织。它们为独联体国家间的人文合作提供了有效的机构支撑。

一 独联体人文交流的法律基础

苏联解体后,独联体国家延续着从前的人文交流与往来,但没有制度化。2005年5月8日,独联体国家首脑签署了《关于独立国家联合体人文合作的联合声明》。文件指出:"以多极化及和平和建设性文明对话的思想为基础,……今后各方将更加优先关注人文合作问题。"各方商定,为了相互丰富民族文化,将在文化合作领域落实若干联合计划和项目,鼓励有关部门和单位交流经验,鼓励学习独联体成员国其他民族的语言,协助开办民族文化中心。

后来,在这个协议的基础上,又补充进来一些其他领域的合作协议。如《关于青年工作的合作协议》《关于居民健康保护的协议》《关于独联体成员国居民医疗救助的协议》《关于体育运动、旅游、文化、图书出版、图书发行和印刷、建立统一教育空间的协议》等。

2010~2016年,独联体最高机构批准了若干发展战略,包括《体育

独联体

运动发展战略》《加强旅游合作战略》《完善居民健康保护战略》《支持和发展民族运动项目规划》《预防艾滋病规划》《防治糖尿病规划》《文化合作构想、居民及健康保护和防治肿瘤病构想》《图书扶持宣言》等。

二 独联体人文合作实践

为了更有效地集中资源于某个人文合作领域，独联体成员国举行了人文主题年活动。例如，2011年——独联体历史文化遗产年、2012年——运动和健康生活方式年、2013年——生态文化与环境保护年、2014年——旅游年、2015年——卫国战争老战士年、2016年——独联体教育年、2017年——独联体家庭年、2018年——文化年。同时，独联体的人文合作在诸多领域展开。

（一）教育领域的合作

教育合作是独联体人文合作中最重要、最具吸引力的合作领域。

1992年5月15日，独联体成员国政府首脑签署关于教育合作的协议。在协议框架内，独联体成员国教育部长会议定期举行。1997年1月17日，《关于建立独立国家联合体统一（普通）教育空间的构想》出台，独联体成员国签署了《建立独联体统一（普通）教育空间合作协议》，教育合作委员会得以成立。

1992~1993年，独联体成员国教育部长会议召开了两次，通过了《关于制定教育标准的决定、关于相互承认和确立教育对等文件》等决定。1994~1996年，教育部长会议没有举行。1998年，独联体成员国教育部长会议恢复活动。最近一次独联体成员国教育部长会议是2012年10月在亚美尼亚首都埃里温召开的。这次会议后，独联体国家教育领域的合作以教育合作委员会的形式继续进行，该机构的地位也相应提高了。

教育合作委员会运行期间，在起草关于相互承认高等教育和职业教育学历学位、普通教育机构教师培训、公民享受高等学校的同等权利等有关文件草案方面做了大量工作。

2014年11月28日，独联体成员国跨议会大会通过了关于跨国教育的基础性法律文件，为制定和实施独联体成员国在建立独联体高等教育统一教育空间、保证独联体成员国在跨国教育领域统一教育立法文件等方面，奠定了法律基础。

此外，独联体教育合作特别关注建立发展独联体统一教育空间。其中一个举措就是组织独联体地区的教育工作者举行职业会面活动。2010年，在阿斯塔纳召开了第一届独联体教师和教育工作者代表大会。此后，这样的代表大会便制度化了。最近一次代表大会是2022年10月5~6日在阿斯塔纳召开的，来自俄罗斯、白俄罗斯、哈萨克斯坦、亚美尼亚、吉尔吉斯斯坦和塔吉克斯坦的700多名教师、教育工作者和教育行业的领导人参加会议。代表大会在维护独联体统一教育空间，制定一体化方针和机制，以及探索各国教育体系平等互利合作方面发挥了重要作用。

建立独联体网络大学是建立独联体统一教育空间的又一重要举措。网络大学是俄罗斯人民友谊大学于2008年发起成立的。这个项目的构想在独联体地区得到几乎所有独联体成员国政府和大学的支持，同时也获得跨国人文合作基金[①]的支持。目前，独联体网络大学联合了几十所大学，在独联体国家运行。独联体网络大学是统一教育空间的平台，在这个平台上，兄弟院校之间实施联合培养计划。独联体网络大学使用民族语言和俄语授课，每个合作伙伴根据共同的教学大纲授课，第一批毕业生已于2012年毕业。独联体网络大学的教学目的，既为培养国际市场需要的具有竞争力的高水平人才，也为独联体地区培养跨文化交流人才。

---

① 2006年5月25日，亚美尼亚共和国、哈萨克斯坦共和国、吉尔吉斯共和国、俄罗斯联邦、塔吉克斯坦共和国和乌兹别克斯坦共和国批准了关于建立跨国非商业性组织——独联体成员国跨国人文合作基金的文件。2008年，阿塞拜疆共和国也加入该组织。跨国人文合作基金活动的目的是"保证根据基金理事会协商的人文合作活动项目的拨款"，基金的最高机构是董事会，基金执行机构总部设在莫斯科。跨国人文合作基金是独联体框架内人文合作项目的组织者和协调者，其共有500多个联合项目，涉及教育、科学、文化遗产、信息与通信、运动、旅游和青年工作，独联体国家有近30万人参加各种项目，格鲁吉亚和波罗的海国家也有人参加。基金重点工作方向之一是与联合国教科文组织合作。譬如，2008年11月28日，双方在巴黎签署了《跨国人文合作基金与联合国教科文组织之间合作备忘录》。在该备忘录框架内实施了一些联合课题，2010年基金获得联合国教科文组织颁发的"发展纳米科学和纳米技术贡献奖"。

（二）科学领域的合作

在独联体地区诸多一体化倡议中，科学一体化合作是受独联体国家国内政治形势影响最小的领域。建立统一科学空间是独联体科学一体化的主要发展目标。

建立独联体统一科学空间的目的，是为各国科学研究创造足够条件、交流科研成果、开展联合研究、合作培养干部和加强学者交流。独联体统一科学空间很有特色，但是，建立统一科学空间也面临着经费不足的问题。

目前，在独联体科学一体化活动框架内成立了独联体国家国际科学院联合会，同时还成立了跨国宇宙委员会，负责协调研究和利用宇宙空间的联合计划。

2009年是独联体框架内科学一体化合作的成功之年。这一年独联体框架内成立了跨国科技创新委员会，批准了独联体成员国长期创新基本方针，还制定了《2020年前独联体成员国跨国创新合作计划》。2011年5月19日，各国在独联体框架内签署了《关于建立独联体成员国基础科学领域合作委员会的协议》。这些为发展、协调和持续深化基础科学领域合作创造了良好条件。

独联体国家还经常举行独联体国家科学节，召开国际青年科学论坛，以独联体国家历史研究所、独联体国家哲学研究所和欧亚大学联合会为平台举办国际会议。

（三）文化领域的合作

独联体文化领域的合作内容非常丰富。1992年5月15日，独联体国家政府首脑签署了《文化领域的合作协议》，其中提到了诸如戏剧、音乐、造型艺术、室内乐、马戏艺术、电影、电视、广播、图书和博物馆事业、保护和合理利用历史文化遗产、民间创作、民间工艺等一些重要文化载体。在该协议框架下，1995年5月26日，独联体文化合作委员会成立。文化合作委员会定期召开会议，制订活动计划。

独联体文化领域有一个颇具特色的合作项目，即"独联体文化首都"跨国计划。该计划是2010年由独联体国家人文合作委员会和国际人文合作基金发起的。该计划规定，获得"独联体文化首都"称号的独联体国家非首都城市每年集中举行一次创作资源展示。

第一批获得"独联体文化首都"的城市有戈梅利市（白俄罗斯共和国）和乌里扬诺夫斯克市（俄罗斯联邦）。2012年，有两个城市获得独联体文化首都称号，即阿斯塔纳（哈萨克斯坦共和国）和马雷（土库曼斯坦）；2013年，贾巴拉市（阿塞拜疆共和国）、久姆里市（亚美尼亚共和国）和莫吉廖夫市（白俄罗斯共和国）获此殊荣；2014年，成为"独联体文化首都"的城市有哈萨克斯坦共和国的阿拉木图市和吉尔吉斯斯坦的奥什市；2015年，俄罗斯联邦的沃罗涅日市、塔吉克斯坦的库里亚博市成为"独联体文化首都"；2016年，土库曼斯坦的达绍古兹市进入"独联体文化首都"行列；2017年，占贾市成为"独联体文化首都"，该市是阿塞拜疆共和国第二大城市。这个活动加深了城市间的交流，提高了独联体的吸引力。

每年独联体地区都会举行一系列大规模文化活动。其中，世界跨文化对话、独联体国家青年竞赛项目、独联体青年交响乐团演出、独联体国家开放电影节、国际电影节等活动都特别受重视。同时，还有一些音乐活动也分外引人注目。如"白俄罗斯音乐之秋"国际艺术节、罗斯托波维奇国际艺术节、尤里·巴什梅特艺术节等。此外，还举办一系列国际戏剧节，如"全景"国际戏剧节、"别洛韦日"国际戏剧节、纳乌鲁斯国际职业戏剧节等。根据国际人文合作基金的倡议，独联体国家还成立了独联体青年交响乐团。

独联体国家还经常举办一系列活动，如青年戏剧论坛和导演工作室，联合编剧创作、艺术院校大学生大师班，独联体国家图书馆，博物馆交流会，独联体电影和电视节等。由于独联体国家的积极参与，各种大规模的艺术节和比赛逐渐成为国际活动，如在亚美尼亚定期举办的哈恰图良国际比赛、"莫斯科迎宾"国际音乐节、独联体国家青年戏剧论坛、摩尔多瓦举办的"春日序曲"国际音乐节等。

（四）体育合作

2007年5月25日，独联体国家签署了《独立国家联合体成员国体育运动合作协议》，建立了体育运动合作委员会。在体育运动委员会的支持下，独联体国家每年举办许多体育活动，比如"独联体杯"国际足球赛（1993~2016年）。

2012年5月30日，独联体政府首脑理事会通过了《2020年前独联体成员国体育运动发展战略》。在此战略框架下独联体国家制定了例行的2016~2018年三年活动规划草案。该规划包括80多项普及运动和健康生活方式，以发展群众性青少年运动和照顾那些低社会保障的居民群体。该规划还提出发展运动科学和运动医学、创新合作等。体育合作促进了独联体国家民族传统、生活习惯、文化和哲学的进一步交流合作。

（五）青年合作

发展青年合作是独联体活动中的优先项目之一。最有影响的青年对话平台是"斯拉夫友谊"青年大学生积极分子夏令营、"罗蒙诺索夫"科学论坛、"文化对话"论坛、"无国界友谊"论坛、独联体青年跨议会论坛、一年一度"独联体青年节"。吉尔吉斯斯坦举办的伊塞克湖青年知识精英论坛，每年都讨论独联体人文年主题和青年联合倡议。

第四节　独联体信息空间一体化

21世纪，信息空间作为"新政治空间"成为国际舞台上的重要议程。独联体国家通过的一系列文件成为独联体框架下信息空间一体化的法律基础。这些文件包括，1992年10月9日通过的《信息合作协议》、1993年11月15日签署的《独联体国家获得和利用信息程序的条例》、1993年12月24日通过的《关于跨国"和平"电视公司无障碍和独立开展活动的国际法保证协议》、1995年5月26日通过的《关于实施协调政策建立独联体统一信息空间的决定》、1996年10月18日通过的《关于建立独联体信息空间构想的决定》、1998年11月11日通过的《独联体成员国自由获取和交换科技信息的程序的协议》等。1993年，独联体国家还成立了独联体国家信息化协调委员会。

"和平"跨国电视广播公司是独联体信息空间一体化的成功项目之一。"和平"跨国电视广播公司成立于1992年,是根据独联体国家首脑会议协议建立的,目的是介绍独联体国家一般政治、经济和文化生活。参加"和平"跨国电视广播公司的有电视频道"和平"、"和平24"、"和平HD"、"和平"广播电台和信息分析频道"MIR24.TV"。"和平"跨国电视广播公司总部设在莫斯科,并在九个独联体国家和波罗的海国家设有分部和代表处。其播放信号送达23个国家,包括独联体和周边国家。

2007年5月25日,独联体国家政府首脑理事会通过一项重要决议,宣布成立独联体成员国国家和社会电视广播机构领导人理事会。该理事会在2008年10月31日通过《关于建立跨国信息同盟的决定》。该理事会非常活跃,经常召开会议,独联体国家领导人也经常出席会议。

2004年9月,独联体国家成立了独联体成员国国家信息署联合会,该联合会成员有下列国家的国家信息署:阿塞拜疆共和国("АзерТАдж")、亚美尼亚共和国("Армен-пресс")、白俄罗斯共和国("БелТА")、哈萨克斯坦共和国("Казинформ")、吉尔吉斯共和国("КАБАР")、摩尔多瓦共和国("Молдпрес")、俄罗斯联邦(ТАСС)和塔吉克斯坦共和国("ХАВАР")。独联体成员国国家信息署联合会提高了各国之间信息资料的交换水平,有效提高了工作效率,方便联合各方力量及时发布独联体成员国生活的客观信息。

第五节 独联体重要峰会

1993年1月22日,独联体国家元首理事会会议通过了《独联体章程》,1996年5月17日,通过了《国家元首理事会和政府首脑理事会议事规则》,1999年4月2日,又通过了关于独联体成员国轮流担任主席国的有关决议。独联体的峰会机制逐渐建立和完善起来。

实际上,从1991年独联体成立伊始起,独联体首脑就经常会晤。作为独联体峰会的国家元首理事会会议通常每年举行两次,分别是例行会晤和非正式会晤。任何成员国提出倡议都可以举行非正式会晤。非正式会晤

47

独联体

没有正式议程，通常也没有成果文件。此外，应独联体成员国的请求，还可召开本组织特别首脑会议。

值得指出的是，1993年1月22日，乌克兰和土库曼斯坦没有签署《独联体章程》，因此它们不是独联体成员国，但仍然是独联体创始国和参加国。2005年8月26日，在独联体喀山峰会上，土库曼斯坦宣布以联系国身份参加独联体。

2008年俄格战争后，8月18日，格鲁吉亚外交部向独联体执行委员会提交了关于退出独联体的照会。按照独联体规定的技术程序，成员国在提交退出申请一年后退出独联体。2014年，在乌克兰"广场革命"之后，多次有报道称乌克兰可能退出该组织，但该国没有提交正式申请，而后还派代表参加若干次独联体峰会。2018年5月，乌克兰正式退出独联体。

1991~1999年，独联体峰会或独联体首脑会议举行得比较频繁，这主要是由于独联体组织建设的一些问题迫切需要解决。这期间首脑会议主要讨论了以下问题并通过了相关文件。

1991年12月30日，独联体首脑会议讨论并通过了一系列重要协议，包括《关于战略核力量的协议》《关于武装力量和边防军的协议》《关于共同利用外层空间》等。

1992年1月16日，独联体首脑再次在莫斯科聚会，签署了一系列议定书，包括《关于设立独联体工作组协调员的议定书》等。1992年2月14日，独联体九个国家的元首以及吉尔吉斯斯坦和塔吉克斯坦总理在明斯克市举行会议，讨论并通过了《关于不允许使用武力的声明》《关于遵循合作原则的声明》《关于战略力量地位的协议》。1992年3月20日，在乌克兰首都基辅，独联体国家元首签署了《关于独联体集体维和力量的协议》《关于独联体联合武装力量组建原则的协议》《关于独联体边防军地位的协议》《关于不使用武力的声明》。

1992年5月15日，独联体国家首脑在乌兹别克斯坦首都塔什干通过了《集体安全条约》。1992年7月6日，独联体国家元首在莫斯科开会，讨论经济、人文和军事合作问题。1992年10月9日，独联体国家领导人在吉尔吉斯共和国首都比什凯克讨论了关于协调经济立法和卢布货币信贷政策问题。

1993年1月22日,独联体首脑会议在白俄罗斯首都明斯克通过了《独联体章程》,与此同时,首脑们决定建立独联体跨国法庭和跨国银行。1993年4月16日,在明斯克举行的独联体首脑会议非正式峰会上,国家元首们讨论了俄罗斯总统叶利钦和哈萨克斯坦总统纳扎尔巴耶夫提出的关于加强独联体的建议,包括完善安全体系,保证经济空间有效运行和建立关税联盟等。1993年5月14~15日,独联体国家首脑在莫斯科签署了《关于建立经济联盟必要性的声明》,确立了独联体若干机构,包括独联体协调协商委员会、独联体执行委员会等。1993年9月24日,独联体国家领导人在莫斯科签署了《关于建立经济联盟的条约》。此次峰会上,阿塞拜疆正式加入独联体。1993年12月23~24日,在土库曼斯坦首都阿什哈巴德举行的独联体首脑峰会上,各国元首们签署了《关于发展合作与深化独联体国家间信任的声明》。

1994年4月15日,在莫斯科举行的独联体峰会上,摩尔多瓦被正式接纳为独联体成员国,乌克兰宣布以联系国身份加入独联体经济联盟。1994年10月21日,独联体峰会在莫斯科举行,会上各国首脑签署了《关于一体化发展主要方向的备忘录》《关于建立跨国经济委员会的协议》《关于建立支付联盟的协议》。

1995年2月10日,独联体峰会在哈萨克斯坦的阿拉木图举行,会议通过了《集体安全构想》和《关于建立联合防空系统的协议》。

1996年1月19日,在莫斯科举行的独联体首脑会议上,国家元首们通过了《预防和调解冲突纲要》《关于独联体徽章和旗帜的条例》。

1996年5月17日,在莫斯科举行的独联体峰会上,各国元首一致表示支持叶利钦竞选俄罗斯总统。

1997年3月28日,在莫斯科举行的独联体峰会上,俄罗斯总统叶利钦第四次当选独联体国家元首理事会主席。会议通过了《独联体经济一体化发展纲要》。

1997年10月23日,在摩尔多瓦首都基希讷乌举行的独联体峰会上,各国元首通过了《关于改组独联体机构的决定》。

独联体

1998年4月29日，在莫斯科举行的独联体峰会上，俄罗斯金融寡头别列佐夫斯基被任命为独联体执行秘书。

1999年4月2日，在莫斯科举行的独联体峰会上，各国元首签署了《关于对〈自由贸易区协议〉修订和补充的议定书》。

进入21世纪，独联体峰会开始发挥日益重要的作用。独联体峰会也按照有关文件规定有规律地举行。

2000年1月25日，独联体国家元首理事会在莫斯科举行。这是第一次没有叶利钦参加的独联体峰会。此前，叶利钦已经辞去俄罗斯总统职务。在此次峰会上，俄罗斯总统普京当选独联体国家元首理事会主席。此次峰会通过了《关于反对国际恐怖主义的决定》《关于纪念卫国战争胜利55周年的呼吁书》《关于建立独联体统一反恐中心的决定》。

2000年6月21日，独联体国家元首举行会晤。国家元首们在会议上讨论了独联体地区反对恐怖主义和极端主义问题。会议通过了《关于建立独联体反恐中心的决定》。

2000年12月1日，在明斯克举行的独联体国家元首峰会上，各国元首通过了关于独联体反恐中心开始全面启动的最后决定，批准了《独联体反恐中心条例》。

2001年6月1日，在明斯克举行的独联体国家元首峰会上，各国领导人认真讨论了国际政治问题、世界战略稳定问题、武装冲突调解问题。会议就卫国战争开始60周年通过了《给独联体成员国人民和国际社会的呼吁书》，还通过了《给联合国成员国关于宣布4月26日为国际重大灾难遇难者日的呼吁书》。2001年8月1~2日，在俄罗斯索契召开了独联体首脑非正式会晤，会议重点讨论了独联体经济合作问题。2001年11月30日，在莫斯科举行了独联体国家元首理事会会议，各国共同庆祝独联体成立十周年，与会者听取了《关于独联体十年发展成果和未来任务》的分析报告。

2002年3月1日，在哈萨克斯坦的阿拉木图市举行了独联体非正式峰会，会议讨论了经济和政治问题。俄罗斯、乌兹别克斯坦、哈萨克斯坦和土库曼斯坦领导人在峰会期间通过了《关于在能源政策问题上进行合作的联合声明》。2002年10月7日，在摩尔多瓦首都基希讷乌举行独联体峰会，讨论并签署了《2003~2004年共同反对犯罪国际行动纲领》，通过了《关于独联体参加国民主选举、选举权和选举自由标准纲要》。

2003年1月29日，在乌克兰首都基辅举行了独联体非正式峰会。峰会期间，与会者讨论了经济合作问题。乌克兰总统库奇马当选为独联体国家元首理事会主席。2003年5月30日，在圣彼得堡举行了独联体国家元首非正式会晤，各国元首表示支持联合国取消对伊朗制裁的决议。2003年9月19日，在雅尔塔举行了独联体首脑会议，各国元首声明，建立自由贸易区并逐步过渡到统一经济空间是独联体的绝对优先发展方向。会上，俄罗斯、白俄罗斯、哈萨克斯坦和乌克兰四国元首签署了关于建立统一经济空间的协议和纲要。

2004年7月3日，独联体国家元首在莫斯科举行了非正式会晤，就共同纪念卫国战争胜利60周年事宜交换了意见。2004年9月16日，独联体国家元首举行了正式会晤，通过了关于共同与国际恐怖主义和其他安全与稳定的威胁做斗争问题的文件。

2004年9月16日，独联体峰会在哈萨克斯坦首都阿斯塔纳召开。独联体国家领导人签署了《关于独联体参加国在反对国际恐怖主义和应对安全与稳定方面及其他威胁方面进一步合作》的文件。会议批准了《2005~2007年独联体参加国与犯罪斗争，反对麻醉品非法交易的共同措施纲领》，还批准了与非法移民斗争的合作纲要。俄罗斯总统普京在此次峰会上当选独联体国家元首理事会主席。

2005年8月26日，独联体峰会在俄罗斯城市喀山举行，此时正值喀山建市1000周年。独联体国家元首理事会会议通过了一系列文件，包括完善和改革独联体机构等文件。这次峰会还通过了《关于联合国成立60周年的声明》以及《关于切尔诺贝利核电站事故20周年告独联体和国际社会书》。

2006年11月28日，独联体国家元首理事会会议在明斯克举行。哈萨克斯坦总统纳扎尔巴耶夫主持此次会议，独联体11个国家代表出席会议，土库曼斯坦由政府副总理率团出席会议。会议通过了一系列重要决

独联体

议，包括与贩卖人口和与非法移民斗争相关的决议。

2007年6月10日，在圣彼得堡独联体国家元首会晤期间，各国元首委托跨国工作组制定独立国家联合体进一步发展构想，制订实现独联体进一步发展构想的主要措施计划，并要求将《独联体进一步发展构想草案》提交下一届独联体峰会审议。2007年10月5日，在杜尚别举行的独联体首脑会议上，成员国元首批准了《独联体进一步发展构想》和《实现独联体进一步发展构想的主要措施》，格鲁吉亚和土库曼斯坦没有在文件上签字。

2008年，独联体国家元首分别于2月22日在莫斯科和6月6日在圣彼得堡举行非正式会晤，详细讨论能源、节能、交通运输、粮食、安全和建立自贸区等问题。2008年10月28日，独联体国家元首理事会会议在比什凯克举行，会议强调加快独联体一体化进程并通过了一系列决议。

2009年10月，在摩尔多瓦首都基希讷乌举行独联体首脑峰会。峰会议程包括共同应对世界金融危机，加快人文领域一体化进程以及安全领域合作、改善独联体机构工作效率等问题。峰会在所有讨论的问题上都达成了共识并通过了相关决议。

2010年5月8日，独联体成员国首脑非正式会晤在莫斯科举行。会议主要议程是在卫国战争胜利65周年之际向卫国战争前线老战士和后方劳动者发布致敬书。

2010年7月10日，独联体国家六位首脑[①]在雅尔塔举行非正式会晤，与会者对此次非正式会晤取得的成果给予积极评价。会晤期间，各国首脑讨论了独联体框架内经济和投资合作问题，还讨论了发展运输及旅游基础设施共同草案的实现前景。会议对国家间贸易自由化问题给予高度重视。与会者就积极筹备起草新的自由贸易区条约达成共识，并决定在下次独联体国家元首理事会会议上审议该议题。

---

① 他们是阿塞拜疆总统阿利耶夫、亚美尼亚总统萨尔基相、白俄罗斯总统卢卡申科、哈萨克斯坦总统纳扎尔巴耶夫、俄罗斯总统梅德韦杰夫、乌克兰总统亚努科维奇。参加会议的还有独联体执委会主席列别捷夫。

2010年10月10日，独联体成员国首脑峰会在莫斯科举行。会议通过了20个文件，包括关于自由贸易区条约草案的起草过程的文件、关于2020年前独联体国家青年国际合作战略的文件等。

2011年9月3日，独联体峰会在杜尚别举行，以纪念独联体成立20周年。会议总结了独联体20年的发展成果并对未来发展持乐观态度。会议通过了一系列文件。2011年11月18日，俄罗斯、哈萨克斯坦和白俄罗斯总统签署了《关于欧亚经济委员会和关于欧亚经济委员会议事规则的决定》，把独联体经济一体化水平提到了一个新高度。

2012年5月15日，独联体非正式首脑会议在莫斯科举行，11个国家元首讨论了进一步扩大独联体合作和深化经济一体化的前景。2012年12月5日，独联体国家元首理事会会议在土库曼斯坦首都阿什哈巴德举行。在峰会上各国元首签署了一系列文件，并根据理事会的决定，宣布2013年为独联体生态文化和环境保护年。

2013年10月25日，独联体国家元首理事会会议在白俄罗斯首都明斯克举行。会议讨论了纪念卫国战争胜利70周年的筹备工作，宣布2014年为独联体旅游年，2015年为卫国战争老战士年。此外，此次峰会上，各国元首通过了一系列安全领域合作文件，包括采取联合措施打击犯罪、恐怖主义、贩毒和贩卖人口现象，还通过了《独联体国家合作打击利用信息技术实施犯罪的构想》《关于建立国家间反腐败委员会的协议》。会议还讨论了保护机密信息、金融、货币和信贷合作等问题。

2014年5月8日，俄罗斯总统与亚美尼亚、白俄罗斯、吉尔吉斯斯坦和塔吉克斯坦领导人在莫斯科举行非正式会晤。各方讨论了集体安全问题以及乌克兰局势。各国领导人还举行了一系列双边会谈。

2014年10月10日，独联体国家元首理事会会议在明斯克举行。乌克兰驻白俄罗斯大使米哈伊尔·耶泽尔代表乌克兰出席了峰会，会后签署了约20份文件，包括打击非法移民和人口贩运、边境服务合作等方面的文件。此外，会议还通过了就卫国战争胜利70周年向独联体各国人民和国际社会发表的联合呼吁书，并宣布2016年为独联体教育年。

2015年5月8日，独联体国家元首在克里姆林宫举行非正式会议，

独联体

纪念卫国战争胜利70周年。俄罗斯、白俄罗斯、哈萨克斯坦、吉尔吉斯斯坦、塔吉克斯坦和乌兹别克斯坦总统出席了会议。2015年10月16日，独联体国家元首理事会例会在哈萨克斯坦举行，会议签署了16份文件。元首理事会批准了独联体反恐中心主任和独联体国防部长理事会防空协调委员会主席的任命。

2016年9月16日，独联体国家元首理事会会议在比什凯克举行。峰会通过了《2017~2019年打击恐怖主义和其他暴力形式极端主义合作纲要》和《2016~2020年打击利用信息技术犯罪合作纲要》。

2017年10月10~11日，独联体国家元首理事会会议在俄罗斯索契举行。独联体成员国元首以小范围的形式举行了会晤。会议讨论了进一步加强独联体内部合作的前景、改进该国际机构活动等问题，并就区域和国际问题交换了意见。会议还讨论了阿富汗局势等问题。

2018年9月28日，独联体国家元首理事会会议在杜尚别举行，塔吉克斯坦总统埃莫马利·拉赫蒙主持了会议。除乌克兰外，所有独联体国家的代表团都参加了会议，会议审议了规范政治互动、进一步发展人道主义和安全领域合作的文件。会议批准了筹备和庆祝1941~1945年伟大卫国战争胜利75周年的主要措施计划。各国元首同意俄罗斯联邦的建议，即设计和制作"1941~1945年伟大卫国战争胜利75周年"纪念章，以表彰独联体国家退伍军人。

2019年10月11日，独联体国家元首理事会会议在土库曼斯坦首都阿什哈巴德举行。土库曼斯坦总统别尔德穆哈梅多夫主持独联体国家元首理事会会议，会议就独联体框架内的多方面合作交换了意见，总结了上一年合作的成果。

2020年12月18日，独联体国家元首理事会会议以视频方式举行。会议就当前的国际和地区问题，各国在政治、经贸、社会和文化领域的合作问题以及在抗击新冠疫情方面的合作问题进行了建设性的交流。国家元首批准了《独联体进一步发展的构想》和实施该构想的主要措施计划。此外，会议还通过了旨在进一步深化独联体成员国之间多方面合作的重要文件，包括军事、文化和人道主义领域的合作，以及信息安全和独联体外部边境安全领域的合作。

2021年10月15日,独联体国家元首理事会会议在白俄罗斯举行。白俄罗斯总统卢卡申科主持了会议。受新冠疫情影响,本次会议以视频方式举行。与会者就独联体30年来多边合作的发展成就以及独联体未来发展前景交换了意见。会议讨论了进一步扩大经济、政治、法律和人道主义领域的合作,以及应对包括新冠疫情在内的当前地区安全与稳定的挑战和威胁的问题。会议通过了旨在进一步深化独联体成员国多方面合作的重要决定。

2022年10月14日,独联体国家元首理事会会议在哈萨克斯坦首都阿斯塔纳举行。哈萨克斯坦总统托卡耶夫主持会议。这是自2019年10月以来首次以面对面的形式举行峰会。会议在友好的气氛中举行,与会者详细讨论了独联体发展的原则问题,就世界和区域议程上的紧迫问题交换了意见,并讨论了进一步扩大独联体内部合作的具体事宜。各国领导人同意哈萨克斯坦总统托卡耶夫的建议,即从2023年起,将独联体执行委员会主席、执行秘书的职位改为独联体秘书长。

2023年10月13日,独联体国家元首理事会会议在吉尔吉斯斯坦首都比什凯克举行,这是独联体框架下最重要的年度会议。[①] 会上,俄罗斯总统普京指出独联体正面临不利的外部环境,强调独联体各国应加强经济、安全、人文等领域的合作。

在经济方面,推动更加紧密的经贸合作仍是成员国关系发展主要任务。为进一步强化贸易关系,各方在消除贸易壁垒、创造有利的关税条件并简化行政程序方面需要努力合作。人文方面,考虑到俄语是团结后苏联空间最关键的因素,是独联体国家数亿居民相互理解和自由交流的共同语言,在这次会议上拟定了《成立总部在索契的国际俄语组织协议》,以加强独联体各国的人文交流。安全方面,在这次会议上普京表示,鉴于当前

---

① 俄罗斯、白俄罗斯、阿塞拜疆、哈萨克斯坦、塔吉克斯坦、乌兹别克斯坦、土库曼斯坦、吉尔吉斯斯坦八个参加国的总统出席会议。亚美尼亚和摩尔多瓦领导人没有参加这次会议。

独联体

形势，在独联体建立联合防空系统非常重要，同时，还应加强独联体国家在反恐领域的高效合作。与会国家对此表示赞同，并表达了发展这一系统的意愿。外交方面，普京认为，深化独联体内部外交政策协调仍具有现实意义。双边关系方面，普京表示，俄罗斯珍视与独联体伙伴国家彼此友好信任关系，俄方愿全力深化与各方平等互利合作。俄方坚信，国家主权完整与利益平衡是确保友好国家关系发展的前提。[①] 这次会议签署和通过了17项文件。

[①] 《独联体国家元首理事会会议在吉尔吉斯斯坦举行》，中国新闻网，2023年10月14日，https://www.chinanews.com.cn/gi/2023/10-14/10093808.shtml，最后访问日期：2023年12月1日。

第三章
独联体次区域一体化组织

拥有次区域一体化结构，是独联体区别于其他国际组织的显著特点。独联体地区的次区域一体化组织是在独联体框架下发展起来的，是独联体整体一体化受挫，转而分领域、分层次地开展局部合作的产物。目前，独联体地区重要的次区域一体化组织有俄白联盟国家、欧亚经济联盟、集体安全条约组织等。古阿姆组织是独联体地区具有逆一体化特点的次区域一体化组织，它的存在也不容忽视。

第一节 俄白联盟国家

苏联解体后，在其他独立国家都在努力寻求自身发展道路，并与俄罗斯保持适当距离的形势下，俄白两国却不断密切关系，其发展引人注目。

一 俄白联盟国家的发展进程

1991年末，俄罗斯和白俄罗斯都成为独立国家。自1992年起，俄白两个斯拉夫国家开始发展双边关系。1996年4月，双方签署了《关于建立白俄罗斯和俄罗斯共同体的条约》。根据该条约，双方决定建立一个政治和经济一体化的共同体，以统一两国的物质和智力潜力。《关于建立白俄罗斯和俄罗斯共同体的条约》还规定建立一个代表机构。1996年4月29日，两国议会领导人在圣彼得堡市签署议会大会协议。1997年4月2日，白俄罗斯和俄罗斯总统在莫斯科签署了《白俄罗斯和俄罗斯联盟条约》，从此，4月2日就被定为白俄罗斯和俄罗斯人民团结日。1997年5

独联体

月23日，双方签署了《白俄罗斯和俄罗斯联盟章程》。根据该章程，1997年双方成立了白俄罗斯和俄罗斯联盟最高委员会和执行委员会。共同体议会大会转变为白俄罗斯和俄罗斯联盟议会大会。

1997~1998年，白俄罗斯和俄罗斯制订和实施了第一个联盟计划，成立了边境和海关委员会、安全问题委员会。1998年12月25日，两国总统签署了《白俄罗斯和俄罗斯进一步统一宣言》《公民平等权利条约》《为经济实体创造平等条件的协定》。1999年12月8日，两国在莫斯科签署了《建立联盟国家条约》，通过了白俄罗斯共和国和俄罗斯联邦关于执行《建立联盟国家条约》规定的行动纲领。2000年1月26日，该条约经两国议会批准后生效。

根据协议，白俄罗斯和俄罗斯制定了一系列重要原则，其中之一就是建立共同的经济空间。俄白伙伴关系建立在无条件维护国家主权和领土完整，以及负责任地履行双方国际义务的原则之上。

白俄罗斯和俄罗斯是彼此最重要的经贸伙伴。2022年，两国的相互贸易额增长了近15%，2023年上半年增长了近17%。与俄罗斯的贸易额占白俄罗斯对外贸易额的一半以上。白俄罗斯和俄罗斯在能源、交通和工业等领域都有密切合作。2022年，双方启动了以白俄罗斯工业旗舰为基础生产进口替代产品的联合项目。联盟国家框架内的一些重要机构有着十分深入的合作。特别是，联盟国家已经建立并正在发展联盟预算和联盟财产（基础设施和知识产品）机构，这在其他一体化结构，甚至欧亚经济联盟中也没有范例。联盟国家预算为各领域（信息技术、微电子、农业、边境安全、消除切尔诺贝利灾难后果等）的联盟方案提供资金。

2021年11月，联盟国家最高国务委员会会议审议通过了《关于2021~2023年落实联盟国家条约原则的基本方向》一揽子一体化协议，文件包括28项联盟计划，以及联盟军事学说和联盟国家移民政策构想。28项联盟计划确定了白俄罗斯和俄罗斯2021~2023年经济一体化的优先事项，其实施工作正在有效推进。这些计划的实施为两国在工业、农业、交通、通信、税收和海关政策、社会和文化领域的立法趋同指明了方向，

第三章　独联体次区域一体化组织

使两国公民的平等权利得到了保障，并建立了统一的社会保障体系。如今，白俄罗斯和俄罗斯公民在就业、选择居住地、教育、医疗和社会保障方面拥有几乎相同的机会。在穿越俄白边境时，白俄罗斯人和俄罗斯人无须边境检查、海关检查、填写移民卡。

《关于2021~2023年落实联盟国家条约原则的基本方向》一揽子一体化协议的签订，是俄白自签署《关于建立白俄罗斯和俄罗斯共同体的条约》25年之后迈出的重要一步，充分体现出俄白在经济、政治、军事等领域的一体化进一步深入发展，标志着联盟国家一体化进程发展到了一个新阶段。

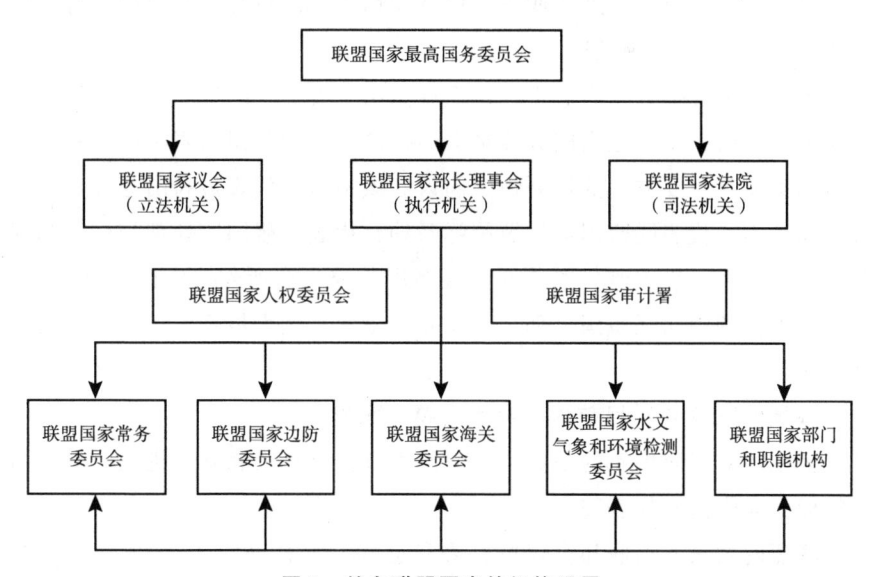

二　俄白联盟国家的机构设置

联盟国家的机构设置为联盟国家最高国务委员会、联盟国家议会、联盟国家部长理事会、联盟国家法院、联盟国家人权委员会、联盟国家审计署等。这些机构的职能和权限取决于联盟国家主管的问题。

图1　俄白联盟国家的机构设置

59

独联体

联盟国家最高国务委员会

最高国务委员会是联盟国家的最高机构。它由白俄罗斯共和国和俄罗斯联邦的国家元首、政府首脑、议会首脑组成。根据条约，出席最高国务委员会会议的有部长会议主席、议会两院主席、联盟国家法院院长。

最高国务委员会的主要任务：解决联盟国家发展的最重要问题；在其职权范围内组建联盟国家机构，包括部门和职能性质的管理机构；安排联盟国家议会代表院的选举；批准联盟国家议会通过的联盟国家预算及其执行情况的年度报告；批准议会批准的联盟国家的国际条约；批准联盟国家的国家标志；确定联盟国家机构的所在地；听取部长会议主席关于履行决定情况的年度报告。

最高国务委员会在其职权范围内发布法令、决议和指示。最高国务委员会的法令在成员国一致同意的基础上通过。如果其中一个参加国公开反对通过该法案，则该法案不被通过。

最高国务委员会主席由参加国元首轮流担任，除非他们另有约定。目前，最高国务委员会主席的职责由白俄罗斯共和国总统卢卡申科代行，他自2000年以来一直担任这一职务。

最高国务委员会主席职责：组织最高国务委员会的工作，主持最高国务委员会会议，签署最高国务委员会通过的法令和联盟国家法律；每年就联盟国家及其主要方向的发展情况向议会做报告；代表最高国务委员会进行国际谈判，代表联盟国家签署国际条约，代表联盟国家处理与外国和国际组织的关系；组织监督本条约和最高国务委员会所作决定的实施情况；在其权力范围内向联盟国家部长会议发出指示；代表最高国务委员会履行其他职权。

联盟国家议会（目前由议会大会履行职责）

根据建立联盟国家的条约，联盟国家议会是代表和立法机构。它由两院组成：联盟院和代表院。

联盟院由俄罗斯联邦会议联邦委员会和国家杜马的36名代表，以及白俄罗斯共和国国民会议共和国院和代表院的36名代表组成。联盟院成员为非常设性质，他们在常设工作地领取劳动报酬。

代表院由来自俄罗斯联邦的 75 名代表和来自白俄罗斯共和国的 28 名代表组成，这些代表根据普遍选举原则通过无记名投票选出。

代表院由选举产生，联盟院通过组建产生，任期四年。在各成员国议会两院权力终止的情况下，联盟院议员继续行使权力，直至有关议会完成代表更迭。

根据该条约，联盟国家议会应：

通过联盟国家关于本条约所规定的属于联盟国家职权范围内问题的法律和立法基础；

促进缔约国立法的统一；

听取最高国务委员会关于联盟国家及其主要发展方向局势的年度报告；

听取关于部长会议活动的报告和信息；

通过预算并听取年度和半年度预算执行情况报告；

听取联盟国家审计署的报告和通报；

批准代表联盟国家缔结的国际条约；

与非联盟国家议会和议会组织缔结合作协定；

根据最高国务委员会的建议，任命联盟国家法院的法官；

根据最高国务委员会的建议，批准人权委员会成员；

根据部长会议的建议，任命联盟国家审计署成员；

确定联盟国家的象征；

审议关于第三国加入联盟国家的提案，通过有关建议，并将其提交最高国家委员会批准；

确保参加国议会之间的合作；

行使本条约规定的其他权力。

联盟院和代表院会议根据议事规则定期举行。联盟院和代表院分别开会，议事规则另有规定的除外。

每个议院从其成员中选出一名议长、一名副议长，并组建委员会。议长和副议长应轮流当选。议长和副议长不得为同一缔约国国民。联盟院和代表院都有其议事规则，并决定其内部运作方式。

独联体

联盟国家最高国务委员会、联盟国家部长会议、联盟院以及至少拥有20名代表的代表院议员团都有提出法律草案的权力。法案提交代表院，并经代表院通过后提交联盟院批准。涉及联盟国家预算支出的法案只有在联盟国家部长会议同意的情况下才能提出。

联盟国家法案分别由两院议员多数票通过。如果联盟院不批准法案，两院可以成立调解委员会，以解决出现的分歧，此后该法案将在两院重新审议。通过的法案应在联盟院批准之日起七日内送交最高国务委员会，由最高国务委员会主席签署并颁布。

如果最高国务委员会主席和缔约国元首（签署该法案时不是最高国务委员会主席）没有异议，则最高国务委员会主席在法案通过之日起30天内签署该法；如果最高国务委员会主席或缔约国元首（签署该法案时不是最高国务委员会主席）有异议，则该法案将被驳回。对该法案的否决由最高国务委员会作出，并在否决之日起七日内提交议会两院。最高国务委员会主席有权向议会两院提议成立调解委员会，以解决出现的分歧。

根据1999年12月8日《关于建立联盟国家的条约》第70条第4款规定，在联盟国家议会代表院选举之前，白俄罗斯和俄罗斯联盟议会大会履行联盟国家议会的职能。

议会大会由白俄罗斯共和国国民会议共和国院、代表院、俄罗斯联邦会议联邦委员会和国家杜马代表组成。议会代表人数相同，缔约国议会各出36名代表。代表在议会中的委派、召回程序以及他们在议会中的任期由缔约国议会两院自行决定。议会代表权力的期限从授予其代表权力的日期算起。

联盟国家部长理事会

部长理事会是联盟国家的执行机构。部长理事会成员包括联盟国家部长理事会主席，白俄罗斯和俄罗斯政府首脑、国务秘书（部长理事会副主席级别），成员国外交部部长、经济和财政部部长，联盟国家主要行业和职能机构负责人。成员国央行行长和各部部长可以应邀出席部长理事会。

部长理事会的职能、成员组成以及活动程序由最高国务委员会批准的条例确定。

联盟国家国务秘书、各行业和职能部门领导人的任免由最高国务委员会根据部长理事会主席建议作出。

部长理事会根据本条约规定的权限和最高国务委员会的决定，完成以下任务。

规划联盟国家发展总方针的主要方向，并提交最高国务委员会审议。

向最高国务委员会提交关于组建联盟国家行业和职能部门的建议，并领导这些部门的活动。

向联盟国家议会提交联盟法律草案和立法基础草案。

确保对本条约条款、联盟国家法律的实施进行监督，并在必要时就未能履行规定义务的情况向有关成员国提出有理有据的建议。

制定并向联盟国家议会提交联盟国家预算草案，确保预算的执行，向议会提交预算执行情况的年度和半年度报告。

审议审计署的报告。

对联盟国家的财产进行管理。

确保建立和发展统一的经济空间，实施统一的财政、税收、信贷、货币、外汇、价格和贸易政策。

协调参加国统一立法的进程。

促进参加国在国际事务、防务、安全、法治建设、公民权利和自由、保障公共秩序和打击犯罪，以及文化、科学、教育、卫生、社会保障和环境保护环境等领域实施协调的政策。

部长理事会主席的职责包括：

领导部长理事会的活动并组织其工作；

向最高国务委员会和联盟国家议会提交关于部长理事会活动的年度报告；

签署部长理事会法案；

受最高国务委员会委托，在其授权范围内，代表联盟国家进行谈判和签署国际条约。

部长理事会主席由最高国务委员会任命。

常务委员会负责筹备最高国务委员会和部长理事会的会议。

独联体

部长理事会负责组建常务委员会，常务委员会由国务秘书领导，国务秘书的职级相当于部长理事会副主席。

根据条约规定，参加国政府推荐常务委员会成员候选人。部长理事会根据推荐的候选人任命常务委员会成员。

只有参加国公民有资格成为常务委员会成员。同一国家公民不得超过常务委员会成员的三分之二。常务委员会委员以个人身份接受任命和行动。国务秘书和常务委员会委员任期为四年。他们提前结束任期事宜由最高国务委员会决定。

常务委员会负责协调联盟国家行业和职能部门的工作以及与参加国各部门之间的合作，监督最高国务委员会和部长理事会决议的执行情况，定期向部长理事会通报联盟国家行业和职能部门的情况，就联盟国家当前发展任务向部长理事会提出建议。

联盟国家法院

联盟国家法院是确保对本条约和联盟国家规范性法律文件的适用原则作出统一解释的联盟国家机构。

根据条约，法院由联盟国家议会根据最高国务委员会提议任命的九名法官组成。法官应由联盟国家中具有专业素养和较高道德水准的有资格担任参加国最高司法职位的公民担任，并应以个人身份任职。

法院中属于同一国家的法官不得超过五名。根据条约，法官是独立的，他们的任期为六年，可连任一届。法院三分之一的法官每两年更换一次。初次任命时，三分之一的法官任期两年，三分之一的法官任期四年。法院从法官中选举院长和副院长，院长和副院长不得为同一国公民。

最高国务委员会负责批准法院章程和议事条例。

每个参加国、联盟国家机关都可将与解释本条约、联盟国家规范性法律文件适用原则有关的任何问题提交法院审理。

法院的裁决须经相关开庭期法官总数的三分之二表决通过，具有法律约束力，并须正式公布。

目前，联盟国家法院尚未成立。

联盟国家审计署

设立审计署的目的是对联盟国家的财政进行监管。

根据条约规定,审计署由 11 名成员组成,任期六年,成员为具有监管审查和审计组织工作经验的参加国公民,他们应具备不容置疑的专业素养和廉正精神。

审计署成员由联盟国家议会根据部长会议的建议任命。审计署成员的任命不受其为哪一个参加国国籍影响。同一参加国公民在审计署内不得超过七人。

审计署从其成员内部选出一名署长和一名副署长,任期两年,可连选连任,但审计署署长和副署长不得为同一参加国公民。

审计署成员服务于联盟国家,完全独立地履行其职责。

审计署负责监督联盟国家预算收支项目的执行情况,包括收支规模、结构和用途,审查联盟国家所有机构的收支报告,确定所获收入和支出是否合法,并确定财政管理是否合理,监督联盟国家财产的有效使用情况。

联盟国家机关、各参加国审计机构或主管当局应根据审计署的请求,向审计署提供其履行职责所需的任何文件和资料。

财政年度结束时,审计署应向部长会议和议会提交年度报告。根据对报告的审查情况,上述机构可以独立地或共同地向最高国务委员会提出关于改善联盟国家财政状况的建议。

审计署制定自己的议事规则,由部长会议批准。

第二节 集体安全条约组织

苏联解体,东欧剧变,第二次世界大战后出现的欧洲安全体系不复存在,欧洲安全平衡被打破,北约开始东扩步伐,军事基地接近原苏联西部边界,致使独联体周边和高加索地区局势周期性紧张。后苏联空间新独立的国家深感国家安全受到威胁,希望通过安全领域的实质性合作规避风险,后苏联空间军事一体化进程由此拉开序幕。集体安全条约组织就是在这种形势下产生的。

独联体

一 集体安全条约组织发展历程、机制建设与机构设置

（一）发展历程

1992年5月15日，亚美尼亚、哈萨克斯坦、吉尔吉斯斯坦、俄罗斯、塔吉克斯坦和乌兹别克斯坦总统在乌兹别克斯坦首都塔什干签署了《集体安全条约》。该条约规定了签署国为维护共同安全所承担的义务和责任。

《集体安全条约》第二条规定：在一个或多个成员国的国家安全、领土完整和国家主权受到威胁的情况下，成员国有义务启动共同磋商机制。条约第四条规定：如果某个成员国遭到侵略（威胁到安全、稳定、领土完整和主权独立的武装进攻），则这种侵略将被视为针对本条约所有成员国的侵略。一旦发生针对条约某成员国的侵略（威胁到安全、稳定、领土完整和主权独立的武装进攻），所有其他成员国根据被侵略国请求将立刻向其提供包括军事援助在内的必要援助，并根据《联合国宪章》第51条规定的原则（联合国会员国均享有单独或集体自卫权）利用已有手段提供支持，实施集体防御。[1]

1993年9月9日，格鲁吉亚加入《集体安全条约》；同年9月24日，阿塞拜疆加入该条约；12月31日，白俄罗斯加入该条约。1994年4月20日，在缔约国批准条约后，《集体安全条约》生效，有效期五年。1995年11月1日，《集体安全条约》在联合国秘书处登记。

1999年4月2日，亚美尼亚、白俄罗斯、哈萨克斯坦、吉尔吉斯斯坦、俄罗斯和塔吉克斯坦六国总统在莫斯科签署了《关于延长集体安全条约的议定书》。该议定书规定了自动将其有效期延长至下一个五年期限的规则。但是，阿塞拜疆和格鲁吉亚未签署该议定书，乌兹别克斯坦也宣布暂时退出《集体安全条约》。虽然集体安全条约经历了减员波折，但其发展进程并没有中断。

---

[1] Договор о коллективной безопасности, https：//odkb-csto.org/documents/documents/dogovor_o_kollektivnoy_bezopasnosti/#loaded.

2001年"9·11"事件后，世界反恐形势日益复杂，后苏联地区安全形势更加严峻，集体安全条约成员国对在新形势下维护国家安全更加重视。2002年5月14日，集体安全理事会在莫斯科通过了一项决定，赋予"集体安全条约"国际区域组织的地位。更名之前，该条约的实质只是一份区域协定，在促进成员国军事政治领域的合作和相互了解方面发挥过重要作用，但机构和机制建设并不完善。更名之后，"集体安全条约"正式更名为"集体安全条约组织"（以下简称"集安组织"），这是具有里程碑意义的重大事件。

（二）机制建设

集安组织成立后，在机构和机制建设方面采取了一系列重要举措。2002年10月7日，集安组织成员国在摩尔多瓦首都基希讷乌签署了《集体安全条约组织章程》，在法律上完成了集安组织的构建。2003年12月，《集体安全条约组织章程》在联合国秘书处注册。2004年12月2日，联合国大会通过决议，赋予集安组织联合国大会观察员地位。

集安组织是政治军事同盟，与任何同盟关系一样，参加国必须作出相应的主权让渡。出于国家利益至上和平衡大国关系的考量，格鲁吉亚、阿塞拜疆和乌兹别克斯坦等成员国立场摇摆不定，退出组织，甚至几进几出。最明显的是乌兹别克斯坦。2005年5月，乌兹别克斯坦发生"安集延事件"后，乌兹别克斯坦不满美国对其国内极端势力的支持，与美西方关系恶化，转而同俄罗斯修好。2006年8月，乌兹别克斯坦重回集安组织。但是随着欧盟对乌制裁逐渐取消，乌兹别克斯坦减少了参加集安组织活动的次数。特别是2011年下半年，随着普京在竞选中提出欧亚联盟战略，俄罗斯加强了在集安组织内的集权构建，乌兹别克斯坦感到了压力。于是，2012年12月，乌兹别克斯坦再次中止了其在集安组织的成员国资格。2016年12月，乌兹别克斯坦新总统沙夫卡特·米尔济约耶夫执政后，乌兹别克斯坦与后苏联空间合作呈积极态势，开始加强与集安组织的安全合作。尤其是2019年，乌兹别克斯坦武装力量还参加了俄罗斯"中央—2019"战略指挥演习。

2016年10月，在埃里温集体安全委员会会议上，集安组织成员国通

独联体

过了《2025年前集体安全条约组织战略》，揭示了进一步加强集安组织联合潜力的理念，旨在将集安组织变成欧亚地区确保和平与安全的最有效国际政策工具，与所有共享本组织目标和原则的伙伴进行密切互动和对话。这表明集安组织进一步明确了其未来的发展目标和方向。

2022年是《集体安全条约》签署30周年和集安组织成立20周年。自成立以来，集安组织在维护成员国的独立、主权和安全，促进地区的和平与稳定，防范和应对地区安全的新威胁、新挑战等方面发挥了重要作用，成为具有重要影响的区域性国际安全组织。[1] 特别是2022年初集安组织首次维和行动[2]可圈可点。在这次维和行动中，维和人员表现出了良好的职业素养和默契的行动配合，为保卫共同的安全空间作出了贡献。

（三）机构设置

根据《集体安全条约组织章程》，集安组织建立了完备的机构设置，由常设机构和附属机构组成，用以执行本组织面临的任务。

集安组织最高机构是集体安全理事会，负责确定集安组织框架下军事政治一体化的战略、基本方向和发展前景；协调成员国军事政治合作；完善集体安全体系，发展并深化军事政治和军事技术等领域的合作，确定共同应对当代挑战与威胁的基本工作方针，组织维和活动。参加集体安全理事会的是（根据各国领导人权限）成员国国家或政府首脑。集体安全理事会会议在会员国轮流举行，每年至少一次。

集安组织还设有外交部长理事会、国防部长理事会和安全会议秘书委员会，分别负责外交政策、军事政策、军事建设、军事技术合作，以及国家安保等工作。这些机构负责组织完成集安组织集体安全理事会通过的决

---

[1] 目前有俄罗斯、白俄罗斯、哈萨克斯坦、塔吉克斯坦、亚美尼亚和吉尔吉斯斯坦六个成员国。

[2] 2022年1月4~5日，哈萨克斯坦出现大规模骚乱，武装分子进攻国家机构，夺走武器，同强力部门发生冲突。1月5日夜间，集安组织集体安全理事会应哈萨克斯坦总统托卡耶夫的请求，向哈萨克斯坦派遣集体维和部队。几天之内，为进行维和行动，俄罗斯空天军用飞机投送了2000多名由多国组成的维和人员和近250件装备。1月13日，集安组织集体维和部队完成了向他们下达的任务，开始撤离哈萨克斯坦，返回常驻地。在哈萨克斯坦境内的维和行动是集安组织集体部队的首次实践。

第三章 独联体次区域一体化组织

```
                    ┌─────────────┐
                    │ 集体安全理事会 │
                    └──────┬──────┘
              集安组织咨询和执行机构设置
  ┌──────┐    ┌────┬────┬────┬────┐
  │集安组织│    │国防部长│外交部长│安全会议秘书│常设理事会│   ┌──────────┐
  │议会大会│    │理事会 │理事会 │委员会    │        │   │集安组织秘书长│
  └──────┘    └──┬─┘ └──┬─┘ └──┬─────┘        │   └────┬─────┘
                │       │       │                   常设工作机构
              军事委员会  阿富汗  反对恐怖主义           ┌──────────┐
                        工作组  和极端主义             │集安组织秘书处│
              干部培训          专家工作组             └──────────┘
              和科研工作                              ┌──────────────┐
              协调工作组        信息政策和             │集安组织联合参谋部│
              集安组织部队      信息安全               └──────────────┘
              信息技术保障      工作组                  ┌──────────┐
              工作组                                  │ 危机反应中心 │
                                                    └──────────┘
                        集安组织辅助机构
  ┌────────────────────┐     ┌──────────────────────┐
  │反毒品走私部领导人协调委员会│     │反非法移民部领导人协调委员会│
  └────────────────────┘     └──────────────────────┘
  ┌────────────────────┐     ┌────────────────────────┐
  │紧急状态部领导人协调委员会 │     │电子计算机事件应急处理咨询协调中心│
  └────────────────────┘     └────────────────────────┘
  ┌──────────────────────┐   ┌────────────────────┐
  │集安组织成员国总麻醉师协调委员会│   │军事经济合作跨国委员会 │
  └──────────────────────┘   └────────────────────┘
```

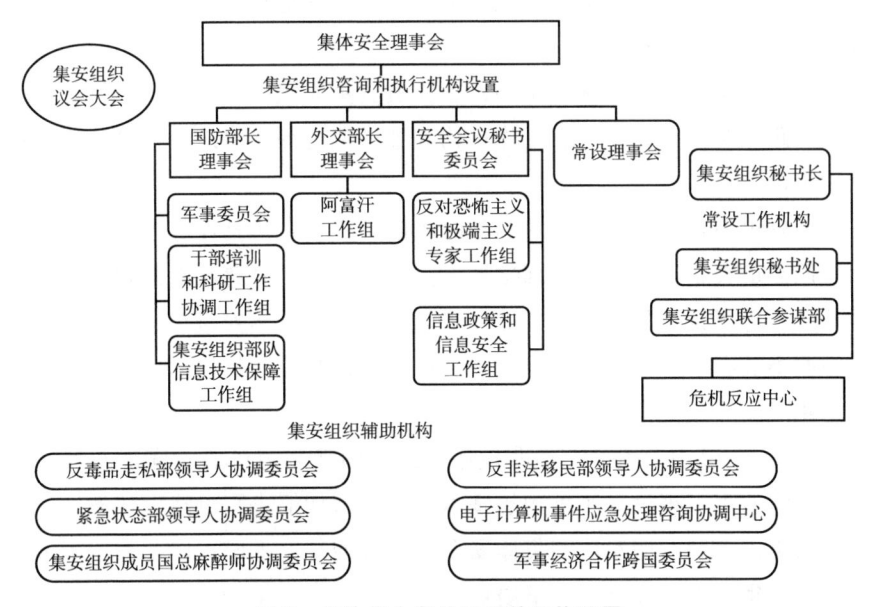

图 2 集体安全条约组织的机构设置

定和提出的建议，协调成员国活动，促进成员国间的接触和磋商，研究本部门合作中遇到的问题。

此外，集安组织设有常设理事会，由成员国任命的常设全权代表组成，负责在集安组织集体安全理事会两次会议间隔期间协调成员国落实集体安全理事会通过的决议等事务。

集安组织最高行政负责人是集安组织秘书长。秘书长由成员国各国家元首根据集安组织外交部的提议任命，任期三年，并由集安组织成员国公民轮流担任。

集体安全条约组织秘书处是集安组织常设的工作机构，为组织提供信息分析和咨询支持。秘书处设在莫斯科。

2004 年 1 月 1 日，集安组织建立联合参谋部并开始运行。它是集安组织的常设工作机构，负责处理下列任务：建立、指挥和使用军队（集体力量）；与成员国国防部门共同准备和举行联合演习，开展军事技术合作；培训军事干部和专家；组织和领导集安组织危机反应中心的工作。联合参谋部设在莫斯科。

集安组织设有危机反应中心，主要负责集安组织责任区的危机和意外事故的跟踪和研究，为有关工作机构和辅助机构提供组织、信息分析和信息技术保障。

集安组织还有一些常设的和临时的辅助机构，包括反毒品走私部领导人协调委员会、反非法移民部领导人协调委员会、紧急状态部领导人协调委员会、电子计算机事件应急处理咨询协调中心、集安组织成员国总麻醉师协调委员会、军事经济合作跨国委员会。这些辅助机构的任务是协调集安组织成员国相关部门的业务合作。

2012年12月，为了吸收集安组织成员国武装力量总参谋部参加制定集安组织的军事理论和军事构想基本原则，参加解决军事建设任务，规划和使用集安全组织的军队和集体安全体系所拥有的手段，以及其他军事建设任务，集安组织成立了军事委员会。

此外，为了协助各机构的工作，集安组织成员国还成立了一些工作组，包括集体安全条约组织外交部长理事会阿富汗工作组、集体安全条约组织国防部长理事会干部培训和科研工作协调工作组、集体安全条约组织安全会议秘书委员会信息政策和信息安全工作组、集体安全条约组织安全会议秘书委员会反对恐怖主义和极端主义专家工作组、集体安全条约组织成员国总麻醉师协调会议等。

集安组织框架内还设有集体安全条约组织议会大会，负责协调在集安组织框架内签署的国际条约的批准程序，以及对集体安全理事会会议通过的决议实施立法支持。

集安组织框架内还设有分析联合会，联合了集安组织成员国30多家分析研究机构和集体安全条约组织成员国大学联盟等机构。

为了完成集安组织各方面的任务，确保组织成员国形成统一的外交立场，该组织框架内建立了各种实际合作机制，包括紧急磋商机制、联合声明机制、秘书长会晤与磋商机制、危机反应机制等。

二 集体安全体系的构建、内部合作与外部联系

（一）集体安全体系的构建

为了抵御对成员国安全的挑战与威胁，集安组织建立了以各种部队为主体的有效的集体安全体系，并分阶段进行组建。在 2000 年防御力量建设的初期阶段，集体安全部队只根据双边协定建立了区域集团。截至 2023 年底，集安组织的武装力量包括成员国的国家武装力量和其他军种的军队、内务部门（警察）、安全机构和特别部门的特种部队（专家组）、国家预防和应对紧急情况机构的部队、由各国家机关管辖和根据集安组织决定可以使用的部队、联合军队集群、地区军队集群、联合军事系统集群等强大的军事系统。

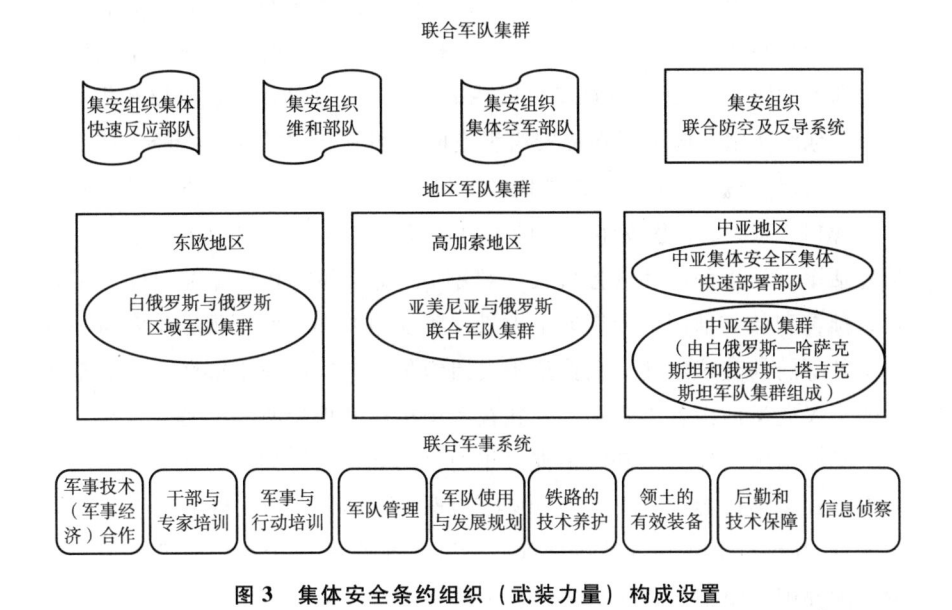

联合军队集群

| 集安组织集体 | 集安组织 | 集安组织 | 集安组织 |
| 快速反应部队 | 维和部队 | 集体空军部队 | 联合防空及反导系统 |

地区军队集群

东欧地区	高加索地区	中亚地区
白俄罗斯与俄罗斯区域军队集群	亚美尼亚与俄罗斯联合军队集群	中亚集体安全区集体快速部署部队；中亚军队集群（由白俄罗斯—哈萨克斯坦和俄罗斯—塔吉克斯坦军队集群组成）

联合军事系统

| 军事技术（军事经济）合作 | 干部与专家培训 | 军事与行动培训 | 军队管理 | 军队使用与发展规划 | 铁路的技术养护 | 领土的有效装备 | 后勤和技术保障 | 信息侦察 |

图 3　集体安全条约组织（武装力量）构成设置

2001 年，鉴于中亚的吉尔吉斯斯坦南部局势紧张，为稳定地区局势，集成组织成员国组建了中亚集体安全区集体快速部署部队，目的是完成中亚地区集安组织成员国军事安全保障的任务，包括参加抵抗外部军事侵略

71

> 独联体

和开展联合反恐行动的任务。中亚集体安全区集体快速部署部队由集安组织成员国（哈萨克斯坦共和国、吉尔吉斯共和国、俄罗斯联邦、塔吉克斯坦共和国）部署在中亚地区的武装力量部分军队组成，拥有正规化武器装备的人员总数约为 5000 人。

2009 年，在集体安全条约组织框架内成立了集安组织集体快速反应部队，包括集安组织成员国正规军部队和特种部队，总人数约为 2 万人。他们既能够完成军事任务，也能够执行特殊性质任务，宗旨是迅速应对针对本组织成员国安全的挑战和威胁。组建快速反应部队是对北约东扩和西方在中亚不断强化军事存在的回应，也是集安组织由相对松散状态向真正的军事政治联盟转变的关键一步。集体快速反应部队的成立是该组织发展史上又一重要里程碑。

2010 年，集安组织组建维和力量，人员总数近 3000 人，包括武装力量的军人和约 600 名集安组织成员国内务机关代表。根据《集体安全条约组织维和活动协定》，维和部队既可以在集安组织空间使用，也可以在集安组织以外地区使用。成员国在集安组织空间使用维和部队时，需经集体安全理事会决定；参加集安组织以外地区维和行动时，须经联合国安理会授权。

2014 年 12 月，集安组织首脑通过决议，建立集安组织集体空军，这是包括军事运输部队和内务机关（警察）、安全部门和特殊部门以及紧急状态预警和救灾部门的专用航空力量。集安组织集体空军根据集安组织成员国各部门的建议组建。划拨给集安组织集体空军的航空部队，在决定使用的决议通过前由各国管辖，驻扎在各国机场并保持必要的备战水平。

集安组织集体安全部队根据每年的行动和备战计划执行任务，备战的基本形式是举行各种演习。从 2004 年起，在集安组织成员国领土上总共进行近 50 场有军队和各种特种部队参加的军事演习，举行演习时经常邀请外国和国际组织代表作为观察员现场观摩。

（二）集安组织内部军事合作

集安组织不仅局限于建立联合武装力量，而且还在军事技术、军事经济和内部人员培训等方面进行了卓有成效的合作，这也是集安组织保持活力和效率的重要原因。

军事技术合作是集安组织军事合作的优先发展方向，由1992年5月15日通过的《集体安全条约参加国军事技术合作基本原则》的专门协议协调进行。这项合作最重要的原则是集安组织成员国之间以互惠原则进行军品交易，按照各国向本国武装力量、护法机关和特种部门供应的价格提供产品。

军事经济合作与军事技术合作有密切联系。军事经济合作的主要目的是：努力使集安组织成员国国防工业综合体的合作水平能够在遭遇可能挑战和外来威胁时，保证科学技术潜力和生产技术潜力可持续和健康发展；为了集安组织所有成员国的利益，在研制和生产前瞻性武器和发展军事技术，以及军事产品售后服务、现代化、维修和销毁等领域实施协调的军事经济政策。

集安组织成员国为了解决军事技术合作问题建立了军事技术合作跨国委员会。该委员会由俄罗斯联邦政府副总理领导。在该委员会活动框架内，集安组织继续发展成员国国防工业企业与俄联邦国防工业综合体企业的合作联系，在集安组织成员国领土上建立技术服务中心以及武器和军事技术修理中心，同时在双边和多边层面实施集安组织国家间各种合作规划。

培养和培训各方面专家是集安组织的重要任务。为发展同盟关系，保证完成共同作战任务，2005年成员国首脑制定并签署了《关于集安组织成员国军事干部培养的协议》。截至2023年底，有俄罗斯联邦、哈萨克斯坦共和国和白俄罗斯共和国三个国家的37所大学（其中14所科学院）在为集安组织成员国培养军事干部。这些学校基本能够保证集安组织成员国培养军事人才的需求。培养工作根据无偿和优惠原则进行，每年招收的士官生和学员有1100多人。

人员培训在集安组织成员国合作中具有重要意义，正是这种合作密切了成员国军界关系。在拥有统一的武器制式、统一的教学系统、相似的战略理论的基础上，集安组织成员国军队的相互理解程度、战略战术配合水平都达到了其他集团难以企及的高度。

（三）集安组织的外部联系

集安组织在大力发展内部军事合作的同时，还在一些具体领域与其他

独联体

国家和组织进行深入合作。诸如反恐怖主义合作、反对毒品传播合作、保护国家边界领域的合作、防治网络犯罪方面的合作等。此外，集安组织还建立了集体应对紧急状态系统和防止非法移民系统。

集安组织成立后始终注意发展与联合国等国际组织和机制的合作，以扩大组织影响力，提高组织威信和工作效率。目前集安组织与主要国际组织，诸如联合国、欧洲安全与合作组织、北大西洋公约组织以及上海合作组织等都有合作。

此外，集安组织还与国际红十字委员会在人道主义活动各个领域进行富有成效的合作，并与欧亚打击洗钱与反恐组织、国际刑警组织、国际移民组织等其他机构保持着联系。

集安组织还与一些国家发展合作关系，与阿富汗、塞尔维亚和许多其他国家的政治和军事领导人保持定期联系。塞尔维亚军事人员定期参加集安组织举行的军事演习。

通过与其他国际组织和国家的合作，集安组织扩大了自身影响力，开阔了视野并进一步加深了与外部世界的联系。

第三节 欧亚经济联盟

2015年1月1日，欧亚经济联盟正式运行，这标志着俄罗斯在主导欧亚地区①一体化方面取得重要进展。随着吉尔吉斯斯坦和亚美尼亚加入，该组织成员国已经达到五个。

一 欧亚经济联盟的建立与发展

苏联解体后，新独立国家普遍陷入经济困境，俄罗斯饱受内忧外患之苦，无暇顾及与周边国家的关系。以美国为首的西方集团以经济援助为切

---

① 从广义上说，"欧亚地区"指欧亚大陆。这里的"欧亚地区"是狭义的欧亚，特指独联体地区。随着近年来独联体地区整体一体化的受挫以及"欧亚联盟"理念的提出，人们开始越来越多地用"欧亚地区"来代替"独联体地区"。

入点,迅速加强与新独立国家的政治经济联系,提升在欧亚地区的国际影响力。

1998年,哈、乌、吉、塔四国组建中亚经济共同体①(ЦАЭС),这是苏联解体后第一个具有区域一体化特点的合作组织,但遗憾的是其缺乏实质性进展。2000年10月10日,俄罗斯加入中亚国家的区域合作,在哈萨克斯坦首都阿斯塔纳,俄罗斯、白俄罗斯、哈萨克斯坦、塔吉克斯坦和吉尔吉斯斯坦领导人签署了关于建立欧亚经济共同体的条约,并于2001年5月30日生效。俄罗斯的加入彻底改变了中亚区域合作的面貌,这既意味着欧亚地区的经济合作进入新阶段,同时也预示着中亚次地区一体化尝试基本失败。② 2005年,由中亚经济共同体更名而来的中亚合作组织和欧亚经济共同体宣布合并。当然,不仅俄罗斯具有主导区域合作的动力,哈萨克斯坦同样有类似设想,但在经济实力和地区影响力上,哈萨克斯坦明显逊于俄罗斯。在俄罗斯主导下,2006年6月,欧亚经济共同体决定建立关税同盟,次年6月俄、白、哈三国签署关税同盟条约,2010年关税同盟确定了相关协议,并于2011年7月正式运行。

2011年,普京在俄罗斯总统大选前夕发表于《消息报》的系列文章被普遍认为是其在未来的执政理念。在《新欧亚一体化计划——未来诞生于今日》中,他明确提出在俄、白、哈关税同盟基础上组建欧亚联盟。11月18日,俄、白、哈三国总统签署了《欧亚经济一体化声明》,提出向统一经济空间过渡。2012年1月1日,俄、白、哈三国启动统一经济空间,负责三国一体化进程的超国家机构欧亚经济委员会也同时开始运行,这是在欧亚经济一体化进程中首次建立起超国家机构。一个涵盖1.7亿人口,拥有统一法律、商品、资本、劳务、劳动力的市场开始形成。

---

① 2002年2月28日,中亚经济共同体更名为"中亚合作组织"(ОЦАС)。
② 〔英〕理查德·萨克瓦:《欧亚一体化的挑战》,丁端译,《俄罗斯研究》2014年第2期,第6页。

独联体

2014年5月29日,欧亚经济委员会最高会议在阿斯塔纳举行,俄、白、哈三国领导人签署了《欧亚经济联盟条约》,表现出对欧亚经济一体化寄予厚望。白俄罗斯总统卢卡申科表示,"白俄罗斯永远持公开立场,在欧亚一体化框架内明确表达自己的目的、任务";哈萨克斯坦总统纳扎尔巴耶夫表示,"我们将联合发展经济,发掘潜力,以造福我们的人民";普京高度评价《欧亚经济联盟条约》的签订,称其具有划时代的历史意义,为经济发展和提高成员国公民的福祉展现了更广阔的前景。[1] 同年10月10日,俄、白、哈、亚四国首脑在明斯克签署了《亚美尼亚加入欧亚经济联盟条约》相关文件,并获欧亚经济委员会最高会议通过。亚美尼亚总统萨尔基相认为,作为首批签订条约的国家,亚美尼亚肩负特殊责任,并坚信能够通过共同努力降低本国风险且在参与过程中有效实现亚美尼亚利益最大化。[2] 当天俄、白、哈、亚四国首脑还批准了吉尔吉斯斯坦加入统一经济空间路线图。吉总统阿塔姆巴耶夫认为:"欧亚经济共同体国家不仅是我们的伙伴,还是在精神上相通的近邻。我们有共同的历史,我们也会有共同的未来。"[3] 2014年12月23日,在莫斯科举行的欧亚经济委员会最高会议上,吉总统与其他四国首脑签署了《吉尔吉斯斯坦加入欧亚经济联盟条约》相关文件。

2015年1月1日,由俄罗斯、白俄罗斯和哈萨克斯坦组成的欧亚经济联盟正式成立,此后迅速吸纳了两个新国家——亚美尼亚和吉尔吉斯斯坦。至此,成员国面积达到2028多万平方公里,占世界陆地面积的13.62%,人口超过1.821亿,占世界人口的2.55%。[4] 2020年12月,乌兹别克斯坦在俄罗斯的支持下成为欧亚经济联盟的观察

---

[1] Церемония подписания договора о евразийском союзе, Евразийский экономический союз Годовой отчет 2014, http://eec.eaeunion.org.

[2] Заседание высшего экономического совета, Евразийский экономический союз Годовой отчет 2014, http://eec.eaeunion.org.

[3] Интервью российской газете, Евразийский экономический союз Годовой отчет 2014, http://eec.eaeunion.org.

[4] Отчет евразийской экономической комиссии 2012—2015., http://eec.eaeunion.org/ru/Documents/EEC_ ar2015_ preview.pdf.

员国。

近几年来，欧亚经济联盟作为独联体地区一个深度一体化的次区域一体化组织发展比较顺畅。2021年，欧亚经济联盟与联盟以外国家年度贸易额为8442亿美元，其中出口5257亿美元，进口3185亿美元。与2020年相比，贸易额增加了35.1%，其中出口增长了44.1%，进口增长了22.6%。① 2021年8月19~20日，欧亚政府间理事会在会议期间共签署了16份文件，签署的文件涉及欧亚经济联盟成员国间的贸易与对外贸易的保险支持等问题。成员国政府领导人还就欧亚经济联盟框架下建立有机农产品统一市场、2021~2023年联盟成员国实施协调运输政策，以及为发展欧亚经济联盟国家与中国的经贸合作推动铁路货运数字化等问题达成一致。

2022年5月26日，俄罗斯总统普京在阐述俄罗斯对欧亚经济联盟的政策时表示，优先考虑与所有欧亚经济联盟国家建立更深层次的盟国关系。根据2022年前九个月的统计数据，在全球市场动荡以及世界局势不利情况下，欧亚经济联盟国家间贸易额增长了近12%，食品和农产品贸易额增长了33%以上。② 这说明该组织内国家的经济相互依存度很高，能够彼此满足需求。但同时，美西方对俄罗斯的严厉制裁导致俄经济下滑，欧亚经济联盟成员国的经济受到冲击的风险也在加大。

二 欧亚经济联盟的机构设置

欧亚经济联盟的机构设置有欧亚最高经济理事会、欧亚政府间理事会、欧亚经济委员会、欧亚经济联盟法院。

---

① Об итогах внешней и взаимной торговли товарами государств-членов Евразийского экономического союза 1 Январь-декабрь 2021 года, http://www.eurasiancommission.org/ru/act/integr_i_makroec/dep_stat/tradestat/analytics/Documents/express/Jan-Dec% 202021.pdf.

② 《普京总统：今年前九个月，欧亚经济联盟成员国间贸易额增长12%》，俄罗斯卫星通讯社，2022年12月15日，https://sputniknews.cn/20221215/1046415321.html，最后访问日期：2023年1月5日。

独联体

```
         欧亚最高经济理事会
        ┌──────┼──────┐
  欧亚政府间理事会  欧亚经济委员会  欧亚经济联盟法院
```

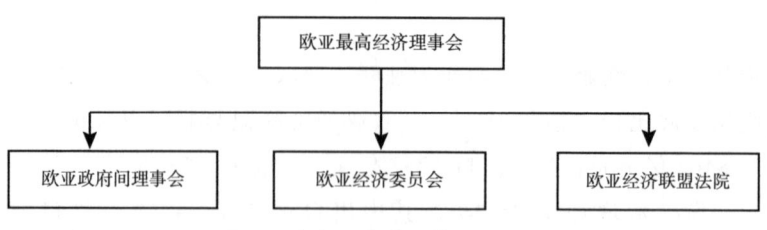

图 4 欧亚经济联盟的机构设置

欧亚最高经济理事会

欧亚最高经济理事会是欧亚经济联盟的最高机构，由欧亚经济联盟成员国元首组成。理事会成员由欧亚经济联盟成员国——俄罗斯联邦、亚美尼亚、白俄罗斯、哈萨克斯坦和吉尔吉斯斯坦的国家元首或政府首脑（根据其国家立法）组成。

欧亚经济联盟作为国际一体化经济组织是在关税同盟和统一经济空间的基础上建立的，自 2015 年 1 月 1 日起开始运行。

根据《欧亚经济联盟条约》，欧亚最高经济理事会审议联盟活动的原则问题，确定一体化发展的战略、方向和前景，并作出旨在实现欧亚经济联盟目标的决定。

欧亚最高经济理事会批准欧亚经济联盟开展国际合作的程序，通过联盟与第三方进行谈判，包括与第三方缔结国际条约，终止、暂停或退出国际条约的决定。

欧亚最高经济理事会批准欧亚经济委员会常委会的人员构成，负责在欧亚经济委员会常委会成员之间分配职责和终止其权限，负责欧亚经济委员会常委会主席的任命和提前解职，并根据成员国的建议任命联盟法院法官。

欧亚最高经济理事会批准联盟预算，并确定成员国的分摊额度。

欧亚最高经济理事会负责确定接纳新成员和终止成员资格的程序。理事会还有权决定给予或撤销观察员地位或候选国地位。

欧亚经济联盟的决定和条例以协商一致方式通过。理事会关于终止一个国家成员资格的决定根据"除去计划终止其成员国资格的成员国的投票权后的协商一致"原则作出。

欧亚最高经济理事会每年至少举行一次会议，在任何成员国或其主席的倡议下，可以召开欧亚经济联盟特别会议，以解决联盟活动的紧急问题。

欧亚最高经济理事会会议由理事会主席主持。

应理事会主席邀请，欧亚经济委员会理事会成员、欧亚经济委员会常务委员会主席和其他受邀人士可以参加欧亚经济最高理事会会议。理事会会议的与会者名单和参会形式由欧亚最高经济理事会主席与成员协商确定。

理事会主席由会员国按俄文字母顺序轮流担任，任期一个日历年，不得连任。

欧亚政府间理事会

政府间理事会是由欧亚经济联盟成员国政府首脑组成的机构。政府间理事会会议根据需要召开，但每年不少于两次（可召开特别会议）。

根据政府间理事会主席邀请，欧亚经济委员会常务委员会委员、常务委员会主席和其他受邀人士可以出席政府间理事会会议。

政府间理事会的主要权限有：

保证对本条约、联盟框架下其他国际条约和最高理事会决议的执行情况实施监督；

根据欧亚经济委员会理事会的建议，审议欧亚经济委员会理事会在作出决定时未能达成共识的问题；

向欧亚经济委员会发出指示；

向欧亚最高经济理事会提交理事会成员和欧亚经济委员会常务委员会成员候选名单；

批准欧亚经济联盟预算草案、欧亚经济联盟预算条例和联盟预算执行情况报告；

批准《欧亚经济联盟机构财务和经济活动审计条例》、联盟机构财务与经济活动审计标准和方法，通过对联盟机构财务和经济活动进行审计的决定，并确定审计期限；

根据成员国的提议，审议有关撤销或修改欧亚经济联盟通过的决定的问题，或在未能达成协议的情况下，将其提交最高理事会审议；

通过暂停执行欧亚最高经济理事会或欧亚经济委员会常务委员会的决议；

批准核实欧亚经济委员会常务委员会成员、欧亚经济委员会官员和雇员及其家属收入、财产和财产负债信息的有效性和完整性的程序；行使联盟内条约规定的其他权力。

政府间理事会通过决定和决议，并以协商一致方式通过。

欧亚经济委员会

欧亚经济委员会是欧亚经济联盟的常设机构，由理事会和常务委员会组成。欧亚经济委员会理事会负责总体协调欧亚经济联盟一体化进程，并实现对委员会活动的总指导。欧亚经济委员会理事会由成员国各派一名副总理级别或根据本国立法具备相应权限的代表组成。欧亚经济委员会常务委员会是其执行机构。

常务委员会由常务委员组成，包括欧亚经济委员会常务委员会主席。常务委员会根据平等代表性原则由成员国代表组成。常务委员会人数、委员之间的权限分配由最高理事会决定。常务委员负责领导委员会各司局的工作。常务委员应该是其所代表的国家的公民。

常务委员会成员应该满足下列要求：具有与职务相匹配的专业教育经历，有不少于七年的专职经历，包括不少于一年的在成员国国家机关工作的经历。常务委员会成员由最高理事会任命，任期四年，可以连任。欧亚经济委员会常务委员会主席由最高理事会任命，成员国轮流担任，不得连任。成员国轮流担任顺序按照成员国名称的俄文字母表排序进行。欧亚经济委员会常务委员是委员会全职工作人员，常务委员工作不受成员国国家机关和领导者的影响，不得向成员国权力机关或官方人士进行咨询或接受指示。

欧亚经济委员会常务委员会会议通常每周至少召开一次会议。常务委员必须出席会议，不得由他人代替。理事会和常务委员会会议由各司局负责，委员会和司局配备一些官员和工作人员，委员会官员和工作人员是国际雇员。委员会官员和工作人员独立履职，不受成员国国家机关和领导者的影响，不得向成员国权力机关或官方人士进行咨询或接受指示。

委员会通过决议、指令和建议。委员会理事会通过决议、指令和建议时遵循协商一致原则。委员会常务委员会通过决议、指令和建议时遵循权威多数原则或协商一致原则。最高理事会负责确定常务委员会按照协商一致原则通过的敏感问题清单。通过决议时，权威多数应占委员会常务委员会全体成员三分之二票数。

欧亚经济委员会办公地点在俄罗斯联邦莫斯科市。

目前，欧亚经济委员会有五个成员国：亚美尼亚共和国、白俄罗斯共和国、哈萨克斯坦共和国、吉尔吉斯共和国和俄罗斯联邦。欧亚经济委员会具有超国家治理机构的地位，其活动的开展以欧亚经济一体化项目参加国的利益为指导，而不以任何国家政府的利益为动机。委员会的决定对欧亚经济联盟成员国具有约束力。

欧亚经济委员会的主要活动领域为：

关税和非关税调节；

海关调节；

技术调节；

进口关税统计和分配；

建立对第三国的贸易制度；

对外贸易和相互贸易统计；

宏观经济政策；

竞争政策；

工业和农业补贴；

能源政策；

自然垄断；

政府和（或）市政采购；

相互服务贸易和投资；

交通和运输；

货币政策；

保护和捍卫智力活动成果，以及商品、工程和服务的个性化手段；

劳动力迁移；

金融市场（银行、保险、外汇、证券市场）；

关税和非关税监管；

海关管理；

信息化；

信息和通信技术；

技术规范；

药品和医疗产品的流通等。

欧亚经济联盟法院

联盟法院是欧亚经济联盟常设司法机构。

法院设在白俄罗斯共和国明斯克市。法院活动宗旨是，确保联盟成员国和联盟机构统一适用《欧亚经济联盟条约》、联盟框架内的国际条约，以及与第三方签署的国际条约和联盟机关的决定。

欧亚经济联盟法院由每个成员国派两名法官组成。法官任期九年。法官应具备崇高的道德品质，为国际法和国内法专家，符合成员国对高级司法机构法官的要求。联盟法院法官由欧亚最高经济理事会根据成员国推荐任命。法官入职前须进行宣誓。法院规约明确规定了法官履职和终止履职的各项要求和条件。

第四节　古阿姆组织

古阿姆组织是1997年在独联体框架内成立的地区性国际组织。它的成员国有格鲁吉亚、乌克兰、阿塞拜疆和摩尔多瓦，古阿姆组织名称取自各国国名第一个字母，即ГУАМ。2001年古阿姆组织通过组织宪章。2006年5月23日，该组织更名为"民主和经济发展组织——古阿姆"，并通过古阿姆组织章程。俄罗斯认为，古阿姆组织的建立与发展有较强的反俄性质，是后苏联空间逆一体化的典型现象。

一 古阿姆组织的建立与发展

1996 年，阿塞拜疆、格鲁吉亚、摩尔多瓦、乌克兰四国代表在维也纳发表联合声明，表达了加强相互合作的共同愿望。1997 年 10 月 10 日，在欧洲理事会斯特拉斯堡峰会上，格鲁吉亚、乌克兰、阿塞拜疆和摩尔多瓦四国总统举行了会晤，明确表达了"发展多边合作，促进欧洲和地区安全，加强政治、经济交流"的意愿。四国发表的联合公报强调了合作建立欧亚运输走廊的重要性，并且提出了相互合作的基本原则，即尊重主权和领土完整，边境互不侵犯，民主、法律至上和尊重人权，认为四方合作对于欧洲安全、稳定意义重大。四国通过联合公报，确认古阿姆为"咨询论坛"[1]，开启了古阿姆合作模式。《斯特拉斯堡公报》正式确立了各国在国际舞台和双边关系诸多领域的政治融合和务实深化合作的范畴。

古阿姆组织主要发展在独联体框架外的合作，其中能源是重要的合作领域之一。合作的目的是减少各国对俄罗斯的经济，首先是能源的依赖；发展绕过俄罗斯的能源过境通道，建立亚洲（里海）—高加索—欧洲的能源通道。

1999 年 4 月，北约纪念峰会在华盛顿举行。4 月 24 日，乌兹别克斯坦在峰会期间加入了古阿姆组织（ГУАМ 成了 ГУУАМ）。古阿姆各国领导人发表了《华盛顿声明》，目标是与欧洲和大西洋机构实现一体化。

2000 年 6 月，在纽约联合国千年首脑会议上，古阿姆组织五国总统一致决定在古阿姆框架内加强多层次、多渠道的多边合作。这次会议对于古阿姆的发展具有非同寻常的意义。会议明确指出为了促进各成员国的经济增长，确立互利互惠的贸易关系，各国之间及各国的有关部门之间要加强联系，在生产、商业、能源、运输、经济、国际信用和金融合作、边境、海关和财政服务、通信、科技、教育、文化等领域实行一系列的多边

---

[1] Торкунов А. В., Тюлин И. Г., Мельвиль А. Ю. и др., Региональные организации на пространстве СНГ, С. 855 - 856., Современные международные отношения и мировая политика: учебник. М.: Просвещение, 2005.

独联体

发展计划；同时，古阿姆各国一致决定在古阿姆框架内、在不同层次上建立多边合作机制，包括在行政、立法、商贸领域和非政府组织、人权组织间建立切实可行的合作机制。① 五个国家还发表了一份旨在加强、改进各国在国际组织框架内协商、行动协调机制的联合声明。这些都为古阿姆今后进一步发展指明了具体方向。

古阿姆国家合作的原则是以公认的国际法原则为基础，尊重各国主权独立、领土完整、不干涉别国的内部事务。它的主要组织机构有国家首脑会议、各国外长会议和国家协调委员会。其中，一年一度的国家首脑会议是古阿姆的最高机构，主要负责制定古阿姆地区的政治、经济、文化等方面合作的大政方针，建立古阿姆的专门机构，协调各国的共同利益。古阿姆国家按名称的英文字母顺序轮流担任首脑会议主席。外长会议是其执行机构，主要讨论、研究各国面临的迫切问题，提出继续加强合作的计划。国家协调委员会是其职能机构。古阿姆的工作语言是俄语和英语。

2001年7月6~7日，在乌克兰城市雅尔塔召开有乌兹别克斯坦领导人参加的古阿姆峰会。各国领导人签署了《雅尔塔章程》。该章程的签署表明，古阿姆已经从咨询论坛变为区域国际组织。该章程确定了合作的主要目标：促进社会经济发展、加强经贸联系、发展和有效利用其领土上的交通干线和基础设施，以及加强区域安全和打击国际恐怖主义。②

2003年7月3~4日，古阿姆国家首脑会议在雅尔塔举行。"古阿姆—美国会晤"作为峰会的一部分也被列入日程。会议讨论了建立联合反恐，预防和处理有组织犯罪、贩毒和其他危险犯罪等紧急情况下的合作事宜，讨论了石油运输走廊发展前景、发展贸易和运输等虚拟中心的相关问题。③ 2003年，古阿姆组织被授予联合国大会观察员地位。

---

① 王宏伟：《"古阿姆"集团》，《国际资料信息》2001年第7期，第33页。
② Экономические союзы - ГУАМ, http：//interorga.ru/ekonomicheskie - souzy/guam/istoriya - guam.html.
③ Ситуация в СНГ и политика России, https：//mid.ru/ru/foreign_policy/integracionnye - struktury-prostranstva-sng/1683631/.

2004年，古阿姆议会大会在基辅成立。该机构的宗旨是为该组织的合作项目以及使各国国内立法符合国际标准提供立法支持。古阿姆得到了美国的大力支持。古阿姆国家在促进贸易和运输，建立古阿姆反恐中心，以及打击有组织犯罪、贩毒和其他危险犯罪网络中心等项目上展开合作。古阿姆经济合作的主要目标是建立古阿姆运输走廊，协调和简化边境和海关管制程序，提高过境点的效率。古阿姆重视与欧盟的合作，尤其注重经济和打击跨境犯罪方面的合作。

2005年4月22日，古阿姆组织国家元首在摩尔多瓦首都基希讷乌市召开首脑会议，与会者对欧洲一体化进程表达了一致看法，包括社会民主化、欧洲一体化、经济发展、区域安全与稳定等方面。会议通过文件表明该组织应该在这些方面加强合作，并发挥作用。古阿姆参加国指出，古阿姆的建立和发展是深化后苏联空间一体化进程的重要标志。古阿姆组织丰富了该地区的合作机制，是对该地区现有组织的补充，是一种寻找互利合作方案的新形式。

2006年5月23日，阿塞拜疆、格鲁吉亚、摩尔多瓦和乌克兰总统在基辅举行了古阿姆峰会。立陶宛、波兰、保加利亚、罗马尼亚、哈萨克斯坦、美国以及其他国际组织，特别是欧安组织外交使团参加了这次峰会。在执行基希讷乌峰会的决定时，古阿姆国家元首宣布"民主与经济发展组织—古阿姆"正式成立，并签署了《古阿姆章程》。该章程强调，未来该组织合作的重点是：加强民主、法治、人权、地区稳定与安全，反对国际恐怖主义、激进分裂主义、极端主义，深化欧洲一体化，实现可持续发展和人民福祉。与会者还签署了《民主与经济发展组织——古阿姆国家元首调解冲突联合宣言》。各国领导人特别指出，古阿姆是一个开放的组织，任何认同古阿姆目标和原则的国家都可以加入。

虽然古阿姆组织得以建立并有所发展，也拥有了自己的章程，但实际上，多年来，古阿姆组织发挥的作用有限，成员国相互关系亦非常复杂。例如，在2004年雅尔塔会议上，五个国家中只有两个国家领导人出席。2004年乌克兰"橙色革命"后，古阿姆开始活跃，但主要是古阿姆成员国双边关系活跃，而作为组织的整体作用微不足道。2005年2~3月，乌

独联体

克兰、格鲁吉亚和摩尔多瓦领导人多次举行双边会晤。3月初,摩尔多瓦议会选举前夕,格鲁吉亚时任总统萨卡什维利访问基希讷乌市,此前摩尔多瓦总统沃罗宁访问基辅,与乌克兰签署《乌克兰与摩尔多瓦合作的联合声明》。这些会晤大都与这些国家国内政治形势有密切关系。

二 作为逆独联体一体化现象的"古阿姆"

古阿姆组织的建立与发展有其原因,其中最为核心的因素是对俄罗斯的态度和与俄罗斯的关系。这就决定了古阿姆组织的特点。

第一,古阿姆成员国与俄罗斯关系的复杂性。格鲁吉亚、摩尔多瓦和乌克兰三国成立古阿姆是试图抵制俄罗斯修改《欧洲常规武装力量条约》,避免俄罗斯军队长期驻扎在格鲁吉亚、摩尔多瓦和乌克兰;阿塞拜疆抱怨俄罗斯在阿塞拜疆与亚美尼亚领土冲突中偏袒亚美尼亚;乌兹别克斯坦在古阿姆组织与俄罗斯之间摇摆不定。古阿姆大多数国家都与俄罗斯存在与领土有关的问题,格鲁吉亚的阿布哈兹和南奥塞梯,阿塞拜疆与亚美尼亚在纳戈尔诺-卡拉巴赫问题上的冲突,乌克兰在克里米亚归属问题上与俄罗斯的冲突,摩尔多瓦在"德左"问题上的立场等。

第二,古阿姆组织在一些问题上所表现的意识形态色彩与欧洲接近,与俄罗斯有明显距离。俄罗斯认为,古阿姆的实质是反俄联盟,背后推手是美国。[1] 1999年,格鲁吉亚、阿塞拜疆和乌兹别克斯坦分别退出独联体集体安全条约组织后,古阿姆反俄的政治倾向更加明显。

2005年4月22日,古阿姆峰会在基希讷乌市举行。时任乌克兰总统的尤先科在会上声明:古阿姆成员国"不再是苏联的残片",希望古阿姆成为原苏联地区"第三次民主革命浪潮"的火车头。与此同时,罗马尼亚和立陶宛总统、欧安组织主席、美国代表以及纳戈尔诺-卡拉巴赫和欧亚冲突谈判专员作为观察员出席峰会。峰会正值白俄罗斯总统大选前夕,此次峰会参加者发表声明,希望在白俄罗斯看到"民主的发展"。格鲁吉

---

[1] Язькова А. Саммит ГУАМ: намеченные цели и возможности их реализации, Европейская безопасность: события, оценки, прогнозы, июнь 2005г.

亚总统萨卡什维利说，白俄罗斯"既没有民主也没有自由"，强调白俄罗斯人民"有自由选择的权利"和向欧洲发展。俄罗斯对萨卡什维利声明反应强烈并提出严厉批评。2005年12月，古阿姆国家在欧安组织卢布尔雅那（斯洛文尼亚首都）外长会议上形成统一战线。欧安组织论坛开幕前夕，摩尔多瓦出任古阿姆主席国，其代表在欧安组织会议上发言，希望俄罗斯遵守关于要求俄罗斯从阿布哈兹、南奥塞梯和德涅斯特河沿岸撤军的《伊斯坦布尔协议》。上述情况加剧了古阿姆反俄倾向的舆论效应，也在俄美地缘政治博弈中被广泛利用。

第三，成员国在政策上表现出摇摆性和矛盾性。2000年，普京担任俄罗斯总统后，俄罗斯在政治上实现稳定，经济上开始快速复苏，国家开启复兴进程。这对俄美关系和独联体地区形势产生显著影响，也对古阿姆的活动产生影响。2002年，乌兹别克斯坦就声明打算退出古阿姆（1999年加入该组织），此后便经常缺席古阿姆组织的活动。2005年，乌兹别克斯坦发生"安集延事件"，乌兹别克斯坦开始倒向俄罗斯，对古阿姆的态度发生根本改变。2005年，乌兹别克斯坦时任总统卡里莫夫正式声明退出古阿姆组织，他认为古阿姆严重背离了最初声明的目标和任务，乌兹别克斯坦不满意古阿姆组织在解决冻结冲突、建立联合武装和改变现存安全体系方面的立场。2005年12月29日，乌兹别克斯坦总统卡里莫夫废除了与古阿姆有关的文件：《雅尔塔章程》《促进贸易和投资备忘录》《古阿姆国家政府间海关事务相互援助与合作协议》等。

乌兹别克斯坦退出后，古阿姆创始国继续该组织的活动。2006年5月23日，在古阿姆基辅峰会上，古阿姆创始国通过了组织改革的决定并签署了《古阿姆章程》。在这次峰会上，罗马尼亚表示打算参加古阿姆组织。但是，随着时间的推移，地区与国际形势的变化以及俄罗斯影响力的上升，包括成员国在内的国家对古阿姆的兴趣不断减弱。

2008年6月30日至7月1日，古阿姆峰会在格鲁吉亚的巴统市举行。峰会期间关于建立古阿姆联合维和营的问题被提出。但是，摩尔多瓦总统沃罗宁提出反对意见。他反对进行这种危险的游戏。2008年俄格战争后，古阿姆的活动更加困难。2009年，摩尔多瓦总统沃罗宁在谈到古阿姆前

独联体

途时指出，古阿姆作为地区组织没有活力，也没有前途，该组织不知道要解决什么问题，所有激活该组织的尝试都落空了。2010年初，时任乌克兰总统候选人亚努科维奇声明，现在古阿姆的活动没有现实意义。亚努科维奇指出，最近五年来，围绕古阿姆听到的都是空话，没有具体行动。

值得指出的是，古阿姆于2017年在基辅峰会上尝试建立古阿姆自由贸易区。峰会期间签署了一系列落实成员国间自由贸易区的文件，包括关于相互承认商品和交通工具通关手续的文件，还通过了专门文件阐述建立协调古阿姆自贸区工作组的步骤，并计划在2017年启动古阿姆自贸区。

但是，从近些年国际形势发展趋势、俄罗斯与西方关系的变化以及原苏联地区发展特点来看，古阿姆组织发展前途堪忧。无论前景如何，古阿姆作为后苏联空间地缘政治进程和一体化进程中的一个逆一体化现象，亦值得书写一笔。

第四章
俄罗斯与独联体地区

独联体地区构成了俄罗斯的战略安全和战略发展空间,是俄罗斯的"战略利益区""传统利益区""切身利益区",对俄罗斯具有重要的地缘政治意义。多年来,俄罗斯在独联体地区构建了以俄罗斯为主导,以发展与地区国家友好关系为原则,依靠独联体、俄白联盟国家、集体安全条约组织及欧亚经济联盟等组织框架内的合作,积极推动和不断完善地区一体化建设的政策体系。与此同时,美欧对独联体地区的介入与影响日益突出,俄美地区博弈日趋激烈,俄在该地区的政策实施受到掣肘。尽管国际形势瞬息万变,独联体地区在俄罗斯对外战略中的优先方向定位不会改变。独联体地区是俄罗斯"重振大国地位"的重要依托。

第一节 俄罗斯对独联体政策

苏联解体30年来,俄罗斯对独联体政策演变大致经过了"叶利钦时期"、"普京前八年"、"'梅普组合'时期"和"普京第三任期至今"等几个阶段。俄罗斯在其外交理论与实践中形成了相对成熟的对独联体政策体系。

一 叶利钦时期:从"甩包袱"到"重新整合"

独联体成立初期,叶利钦实行向西方"一边倒"的外交政策,对独联体采取"甩包袱"策略。但美国在后苏联空间的影响的持续扩大,欧盟与北约的持续东扩,以及国内严重的经济危机使俄罗斯意识到只有依托

独联体

独联体才能重振经济，只有重新恢复大国地位才能在国际舞台上赢得尊重和应有的地位。

1993年4月，俄罗斯颁布《俄罗斯联邦对外政策构想基本原则》，对独联体进行重新定位，表明了"俄要与独联体国家建立全新的平等互利关系"。[1]

1995年9月，俄出台《俄罗斯联邦对独联体国家战略方针》，将独联体地区置于俄"切身利益区"的地位，并强调"加强俄罗斯在独联体的主导作用"[2]，这标志俄罗斯对独联体政策的基本战略原则开始形成。俄罗斯开始与独联体各国发展双边和多边关系，并签订了一系列条约。但叶利钦时期独联体框架下政治、经济、安全领域的一体化发展缓慢，同时还出现了诸如亲西方的古阿姆组织等非俄罗斯主导的一体化倾向，以及1999年4月格鲁吉亚、阿塞拜疆和乌兹别克斯坦三国退出集体安全条约的逆一体化现象。叶利钦的继任者普京要面对的是一个亟待整合的独联体。

二 普京前八年：从"整体一体化"转向"次区域一体化"

1999年底，20世纪即将结束之时，叶利钦宣布辞去总统职务，普京成为代总统并在次年3月的总统选举中获胜，成为俄罗斯国家领导人。这对俄罗斯是具有历史意义的事件。

21世纪之初的俄罗斯面临复杂的国际国内环境：北约刚刚实现了冷战结束后的第一次大规模东扩，波兰、捷克和匈牙利三个东欧国家加入其中；独联体凝聚力不强，整体一体化受挫；国内经济危机深重。普京在内忧外困的形势下，调整了叶利钦时期的外交政策，他转向实用主义方针，将维护国家经济利益和国家安全利益作为外交政策的基本出发点。

---

[1] Основные положения концепции внешней политики Российской Федерации утверждены Распоряжением Президента Российской Федерации Б. Н. Ельцина от 23 апреля 1993 г, https://docviewer.yandex.by.

[2] Стратегический курс России с государствами－участниками Содружества Независимых Государств, Российская газета, 23 сентября, 1995г.

2000年1月出台的《俄罗斯联邦国家安全构想》提出把发展同独联体国家关系、与独联体国家进行符合俄罗斯利益的军事安全合作，以及维护独联体成员国边界安全作为确保俄罗斯国家安全的主要任务之一。① 当年6月普京批准的《俄罗斯联邦对外政策构想》进一步指出，与独联体国家发展符合俄国家安全任务的多边和双边合作是俄罗斯对外政策的优先方向；与独联体所有成员国发展睦邻关系和战略伙伴关系是重要任务。② 这两份战略文件从安全层面和对外政策层面赋予了独联体特殊而重要的位置，成为普京独联体政策的基石。

在此战略框架下，普京第一任期在独联体地区展开了一系列外交举措。

在合作机制方面，俄罗斯多次组织召开独联体国家元首级的会议，通过一系列法律文件，明确独联体多边合作的优先方向，通过渐进的方式完善合作机制，并督促检查决议的落实情况。

在次区域一体化组织和多边合作方面，经济上，在俄罗斯的推动下，2000年10月10日俄、白、哈、塔、吉五国组成的欧亚经济共同体成立，这标志着原来的五国关税同盟在合作深度与广度上更进了一步。2003年，俄罗斯倡导成立俄、白、哈、乌四国统一经济空间，将游离于经济一体化进程之外的乌克兰纳入一体化机制。

军事上，2000年6月，独联体框架内国防部长俱乐部和独联体反恐中心两个多边军事合作机制开始运作，独联体国家间的军事安全合作开始加强。2001年，鉴于中亚的吉尔吉斯斯坦南部局势紧张，为稳定地区局势，在集体安全条约框架下，成员国组建了中亚集体安全区集体快速部署部队。2002年5月14日，集体安全条约被赋予国际区域组织的地位，正式更名为集体安全条约组织，俄罗斯强化了在该组织的主导作用。

此外，普京还巩固了俄白联盟国家框架内的合作，积极落实签订的项

---

① Концепция национальной безопасности Российской Федерации, Независимая газета, 14 января 2000.
② Концепция внешней политики Российской Федерации, 28 июня 2000 года, http：//docs.cntd.ru/document/901764263.

独联体

目，确保其成为独联体地区一体化水平最高、发展速度最快的次区域一体化组织。

双边关系方面，普京出访白俄罗斯、乌克兰以及中亚、南高加索等国家与地区，恢复与这些国家的传统联系，加强和改善双边关系；与独联体各国发展经济、军事、安全领域的双边和多边合作。

2003年底至2005年3月，格鲁吉亚、乌克兰、吉尔吉斯斯坦在美国政府的直接和间接支持下先后发生了亲西方的"玫瑰革命"、"橙色革命"和"郁金香革命"。独联体地区"颜色革命"的发生使俄罗斯再次经受了地缘政治的重大挫折，俄独联体政策面临空前严峻挑战，普京被迫重新调整对独联体的外交政策。

为应对美国在独联体地区的扩张态势，俄罗斯全方位加强与独联体国家的联系，有针对性地利用政治、经济、人文和军事等手段，稳定自己的地区影响。2005年，俄罗斯与独联体各国签署《独联体人文合作宣言》，加强与成员国人文领域的合作，通过人文合作提高独联体对地区各国，尤其对各国青年人的影响力；深化与亲俄国家白俄罗斯、亚美尼亚、哈萨克斯坦、吉尔吉斯斯坦和塔吉克斯坦双边关系；利用2005年"安集延事件"后乌兹别克斯坦与美国交恶的时机，成功说服乌重返集安组织，并加入欧亚经济共同体；通过提高天然气价格，减少能源供应等经济手段向亲西方的格鲁吉亚、乌克兰和摩尔多瓦施加压力。

总而言之，普京前两个任期比叶利钦时期的独联体政策更加务实、明晰。他放弃了叶利钦时期独联体整体一体化这个不切实际的理念，而是在完善与独联体各国的机制建设基础上，根据独联体成员国不同发展速度和水平与其发展双边关系，并以集体安全条约（组织）、关税同盟（后来是欧亚经济共同体）、俄白联盟国家等次区域一体化组织为抓手推动独联体的政治、经济、军事一体化。这些政策调整和实践变化取得明显效果，俄在独联体地区的影响力和吸引力都在加强，但是，俄美在独联体地区的博弈态势没有改变。

与此同时，在独联体地区发生一系列"颜色革命"之后，普京能及时调整政策，灵活处理与独联体各国关系，并强化独联体次区域一体化组

第四章　俄罗斯与独联体地区

织的建设。普京前八年执政时期，虽然仍有逆一体化的现象，但俄罗斯巩固了其在独联体的地位，这为后来"梅普组合"时期的独联体政策奠定了基础。

三　"梅普组合"时期：政策延伸，细节调整

2008年5月，梅德韦杰夫接替普京出任总统，普京担任总理，"梅普组合"时期开启。这一时期，梅德韦杰夫依然延续普京前两个任期的独联体外交政策总原则：发展与独联体成员国的双边和多边合作仍然是俄罗斯外交政策的优先方向。[1]

这个时期，美国次贷危机引发的金融危机在全球蔓延，俄罗斯经济也面临严峻挑战。俄罗斯与美西方在独联体地区的矛盾持续尖锐。

2008年8月，俄罗斯与格鲁吉亚因阿布哈兹和南奥塞梯问题爆发武装冲突。俄格战争使独联体建设中的诸多矛盾凸显出来，加深了独联体国家对俄的恐惧和疑虑，独联体国家纷纷通过发展与欧美等大国的关系来平衡俄罗斯的影响。阿布哈兹和南奥塞梯的独立并没有得到独联体国家的承认，独联体凝聚力又一次受到重创。现实要求俄罗斯必须对独联体政策有所调整。

俄格战争之后，俄罗斯把独联体政策的重点放在推进地区经济一体化和加强人文合作上；有区别地发展与独联体各国的双边关系。2011年10月18日，大多数独联体国家签署了《自由贸易区协定》，标志着独联体地区在整体经济一体化方面取得战略性突破，尤其乌克兰签署该协定标志着俄罗斯在与美国争夺乌克兰的博弈中取得阶段性成果；2011年5月19日，独联体成员国政府首脑理事会批准《独联体成员国文化领域合作构想》以及此前（2010年12月10日）通过的《2020年前独联体成员国国际青年合作战略》等文件进一步扩大了独联体各国在人文领域的交流与合作。

---

[1]　Концепция внешней политики Российской Федерации, 15 июля 2008 года, http://www.kremlin.ru/acts/news/785.

93

独联体

欧亚经济共同体框架内的合作取得了显著成效：2010年1月1日，俄、白、哈三国关税同盟开始运行；7月6日，《关税同盟海关法典》在三国生效；2011年7月，三国取消海关；2012年1月1日，俄白哈统一经济空间正式启动，至此，一个幅员辽阔，实现商品、劳务和资本自由流动的共同市场基本形成。

与此同时，独联体集体安全条约组织成员国合作进一步加强，集体力量已经成为解决独联体国家危机的一种方式。2009年，在俄罗斯主导下集安组织成立了由2万人组成的集安组织快速反应部队，这是对北约东扩和干涉独联体事务的回应，也是集安组织由相对松散状态向真正的军事政治联盟转变的关键一步。

鉴于当时的国际和地区环境的变化，政策在细节上有所调整：第一，俄罗斯进一步致力于发掘区域和次区域一体化潜力，以及在独联体框架下各国之间的相互协作。第二，俄罗斯认为"集安组织是各国应对地区挑战和军事政治及军事战略威胁的主要工具，欧亚经济共同体是经济一体化的核心以及落实各种项目的工具"[1]，将它们作为支撑独联体区域一体化的政策工具大力发展。第三，鉴于独联体各国离心倾向加强，俄罗斯积极促进独联体各国在人文领域的合作，增强独联体地区的"软实力"的建设。

值得指出的是，这一时期俄罗斯尝试的俄美关系重启战略没有成果，俄美在独联体地区的争夺丝毫没有减弱。

四 普京第三任期至今：加强主导地位，加快一体化进程

2011年10月3日，普京在《消息报》发表的题为《新欧亚一体化计划——未来诞生于今日》的文章中提出建立欧亚联盟的设想。当时，俄罗斯经济已经复苏并逆势增强，普京希望建立"一个强大的超国家联盟模式，能够成为当今世界的一极，并成为连接欧洲和蓬勃发展的亚太地区

---

[1] Стратегия национальной безопасности Российской Федерации до 2020 года, http://www.kremlin.ru/supplement/424.

第四章　俄罗斯与独联体地区

的纽带"。① 这是普京以总统身份重返克里姆林宫前夕发表的俄罗斯外交新学说，同时也含蓄发表了俄罗斯整合后苏联空间、加强独联体主导地位的宣言。2012 年 5 月，普京开启了其第三任期，其对独联体政策原则再次被强化。

经济上，以推进欧亚经济联盟战略为核心，引领独联体经济一体化。2012 年 9 月，俄主导下的新版《独联体框架内自由贸易区协议》生效，打破了成员国之间的贸易壁垒，促进了彼此之间的经贸合作。

2014 年 5 月，俄、白、哈三国签署《欧亚经济联盟条约》。2015 年 1 月 1 日，欧亚经济联盟正式运行。欧亚经济联盟成立、扩员，以及后续稳步发展表明，俄罗斯在独联体地区推行的欧亚经济联盟战略获得了初步成功。欧亚经济联盟的外部联系也不断扩大，已经同越南、新加坡、塞尔维亚等国签署了自贸区协定。2018 年 5 月 14 日，欧亚经济联盟最高理事会接纳摩尔多瓦为联盟观察员国，其成为该组织第一个观察员国。

军事上，进一步推动集安组织转型。俄罗斯主张实质性地发展集安组织，使其转型成为有威信的、多功能的国际组织。② 2016 年 10 月，在埃里温集体安全委员会会议上通过了《2025 年前集体安全条约组织战略》，其揭示了进一步加强集安组织联合潜力的理念，旨在将集安组织变成欧亚地区确保和平与安全的最有效的政策工具。在俄罗斯的主导下，集安组织进一步明确了其发展目标和方向，多次召开会议讨论发展方向，并举行联合军事演习。

2013 年以来，俄与美西方在独联体地区的博弈愈演愈烈，乌克兰由于自身在美国和俄罗斯地缘战略中的特殊地位而成为这场博弈中双方争夺的重要对象。在美西方与俄罗斯两股力量的影响下，乌克兰外交政策呈现出摇摆性。在乌克兰加入欧盟还是关税同盟的问题上，俄罗斯官方明确表示，乌只能二

---

① Владимир Путин: Новый интеграционный проект для Евразии — будущее, которое рождается сегодня, Известия, 3 октября 2011.
② Концепция внешней политики российской федерации, 30 ноября 2016 г., http://www.kremlin.ru/acts/bank/41451.

95

独联体

选其一，没有中间路线。① 2013年底，乌克兰在欧盟和关税同盟之间的摇摆政策引发了一系列连锁反应，终于导致了2013年末乌克兰危机的发生。

2014年对俄罗斯来说是转折的一年，克里米亚"公投入俄"导致俄乌关系降到了冰点。乌克兰放弃不结盟地位，恢复加入北约的路线，与欧盟签署准成员国协定，并宣布退出独联体。克里米亚"并入"俄罗斯使俄与美西方关系陷入僵局，西方向俄罗斯发起一轮又一轮制裁。克里米亚问题再次引起独联体国家对俄的警惕和忧虑。西方制裁以及与西方关系冷却迫使俄罗斯重新看待国际格局。

2019年4月，泽连斯基当选乌克兰新总统，虽然他仍奉行加入欧盟和北约政策，但是俄乌双边关系在一些实际问题上有所进展，两国关系有所改善。2019年10月1日，在乌东问题上，乌克兰问题联络小组在明斯克会议期间就"施泰因迈尔方案"达成共识。2019年末，俄乌的天然气问题也得到一定程度解决。

然而，2022年2月爆发的俄乌冲突导致俄乌断交，俄罗斯与西方关系彻底恶化。

在2023年3月31日通过的新版《俄罗斯联邦对外政策构想》中，独联体依然在俄罗斯的对外政策中占有极其重要的位置。文件指出："要保证俄罗斯安全、稳定、领土完整和社会发展，巩固其作为世界发展和文明的有影响力的主权中心之一地位，最主要的是与独联体成员国以及与俄罗斯各领域联系密切、拥有数百年共同国家传统、共同语言、相近文化的毗邻国家，保持可持续的、长久的睦邻关系和整合各领域的潜力。"某种程度上，没有独联体地区的一体化就没有俄罗斯的复兴。

第二节 独联体对俄罗斯之要义

考察独联体30年的发展历程可以看出独联体本身已经发生很大变化，已经从一个最初文明"离婚"的平台变为包括多个次区域一体化机制的

---

① Послание Президента ФедеральномуСобранию, http://www.kremlin.ru/news/19825.

合作组织。独联体最大的作用是确保原苏联加盟共和国文明"离婚",阻止去一体化趋势,为成立欧亚经济联盟创造了条件。但由于独联体自身发展有许多问题,它的经济一体化停留在自贸区的较低层面,独联体许多国家发生过"颜色革命",该地区有很多问题没有得到妥善解决,如纳卡、德左、阿布哈兹和南奥塞梯、乌克兰东部等问题,这些都极大削弱了独联体凝聚力。尽管如此,独联体依然有存在的意义。

一 独联体组织在后苏联空间的功能性

独联体在后苏联空间存在的 30 多年里,发挥了其自身的作用,其功能性不可抹杀。

首先,在后苏联空间目前尚未有一个组织能够取代独联体的功能,欧亚经济联盟目前不能取代独联体。虽然欧亚经济联盟现在是独联体空间当代经济一体化进程核心,但却是一个相对较新的机制,目前其成员国只涵盖五个独联体国家。它更侧重于经济联合,是经历了自由贸易区、关税同盟、统一经济空间几个阶段发展起来的一体化程度更高的经济联盟,况且其建立初衷就是和独联体并行存在,而不是要取而代之。欧亚经济联盟可以被看作独联体地区一体化进程的一部分。

其次,目前独联体是唯一在政治、经济、文化、人文和军事等各领域团结后苏联空间国家的多边合作机制。独联体条约的法律基础非常宽泛,有些领域是欧亚经济联盟和集体安全条约组织不能涵盖的,如人文、司法领域的合作等。并不是所有独联体国家都加入了欧亚经济联盟和集体安全条约组织,它们对区域合作的愿望和利益只能通过独联体这个平台来实现。

最后,独联体有众多多边合作项目,如根据独联体框架内的协议调节成员国公民变换居住地(国)养老金保障、医疗救护等问题。这些合作对独联体地区一体化都具有重要意义,目前独联体国家的合作离不开这个平台。

因此,至少目前来看,欧亚经济联盟和独联体是并行发展的,并不存在取而代之的问题,它们的存在都有必然性。独联体在相当长一段时期内仍会存续下去。当前，独联体国家面临着经济现代化、迎接新挑战、对抗新威胁和建立更为公正的国际政治经济新秩序的共同任务。在完成这一任务的道路上需要独联体各国在包括建立共同经济空间、完善地区安全治理体系、提升独联体的国际威望等一系列问题上加深合作。

二 独联体地区是俄罗斯重新崛起的重要依托

从叶利钦执政中后期开始，恢复俄罗斯在后苏联空间的影响就成了俄罗斯对外政策的重中之重。与其他区域一体化组织相比，独联体最大的特殊性在于它的参加国曾共存于同一母体——苏联，这决定了它们在经济、政治、军事、人文，以及社会各个方面都有着千丝万缕的联系。作为苏联继承国的俄罗斯是独联体的主导者，俄领导人曾多次强调，独联体地区是俄罗斯的"战略利益区"、"传统利益区"和"切身利益区"，对俄罗斯具有重要的地缘政治意义。

在俄罗斯历次颁布的《俄罗斯联邦对外政策构想》中都将独联体地区作为俄罗斯外交的最优先方向，俄罗斯致力于推动该地区的一体化，发展与成员国的友好关系。多年来俄罗斯在独联体地区的外交实践也证明了这一点，只是根据国际和地区形势的变化在具体政策上有所调整。

第一，俄罗斯根据国力实际情况，运用多种政策工具，推动了独联体区域一体化。由于独联体地区各国经济发展不均衡，在国家的道路选择上也不统一，独联体地区的整体一体化非常艰难。俄罗斯以独联体为平台，依靠欧亚经济共同体（后来是欧亚经济联盟）、集体安全条约组织和俄白联盟国家等机制，大力发展次区域一体化；发展与成员国的关系，并根据情况区别对待。

第二，目前，俄罗斯的独联体政策虽有成效，但是俄罗斯经济上的短板限制了其作用的进一步发挥和目标的实现。俄罗斯在运用硬实力的同时，还需增强"软实力"的影响，减少独联体各国对它的忧虑和恐惧，建立对这些国家有吸引力的发展模式。俄罗斯整合独联体地区，推动其各领域的深入一体化还有很长的路要走。

第三，美国、欧盟对独联体地区事务的深度介入，极大地影响了俄罗斯在该地区政策的实施。欧盟的"东部伙伴关系"计划囊括了独联体地区六个国家,对俄罗斯在该地区的影响构成竞争。美国在"9·11"事件后不断扩大在独联体地区的影响力,利用北约干涉独联体地区事务。2013年底乌克兰危机的爆发是美西方与俄罗斯在乌克兰争夺的结果。2022年2月的俄乌冲突是俄美在独联体地区博弈的极端结果。未来,俄罗斯同西方国家的冲突将不可避免地长久存在。

第四,独联体地区是俄罗斯重新崛起的重要依托地带,俄罗斯独联体政策的目标是把后苏联空间的大多数国家团结在莫斯科周围。俄罗斯将一如既往加强在该地区的主导作用。一旦失去独联体,俄罗斯将失去安全和发展的战略空间。毫无疑问,俄罗斯对这一核心地区的关注将一直存续下去,"再没有比这更重要的任务,俄罗斯的未来取决于此"。①

---

① Путин считает интеграцию со странами бывшего СССР ключевой задачей РФ, http://ria.ru/politics/20120411/623237387.html#ixzz2I7F2Rv5a.

第五章
俄罗斯与独联体国家关系

俄罗斯与独联体各国关系，是一个庞大复杂的命题。在这个由12个国家构成的区域内，每个国家在俄罗斯对外战略中的地位并不相同，俄罗斯对各国政策亦有差别。总体来说，俄白关系和俄乌关系是独联体地区最重要的两组双边关系，俄与中亚、俄与南高加索地区关系也至关重要。

第一节 俄罗斯与白俄罗斯关系

俄罗斯和白俄罗斯的双边关系是两国在不断一体化进程中建立和发展起来的，因此，俄白一体化进程可以最大程度反映两国关系的进展及实质。

一 俄白一体化的建立与发展

俄白一体化是在复杂的地缘政治环境下发展起来的。首先，从内部联系来看，几个世纪以来两国兄弟般的关系、相互依存的经济，以及共同的语言、传统和文化使加强两国关系成为必要。① 其次，从外部环境看，北约和欧盟的双东扩极大挤压俄罗斯的战略空间，俄面临来自西方巨大的地缘政治压力；而位于俄罗斯西部和西方东扩前沿的白俄罗斯，同样面临来自西方严重的安全威胁。根据联盟理论，面临威胁越严重，易受攻击的国家越有可能寻求联盟。② 于是，两国在当时弥漫在独联体

---

① Союзное государство: 20 лет совместного развития, https://www.postkomsg.com/files/tilda/20years_of_union_state/.
② 〔美〕斯蒂芬·沃尔特：《联盟的起源》，周丕启译，上海人民出版社，2018，第23页。

101

独联体

地区的无望和失败主义氛围中开始转向创造性联合,在苏联灾难性分裂之后采取"制衡"[1] 的方式结盟,在某种程度上限制了后苏联空间地缘上的进一步退让。

俄白关系发展的最大特点是双边一体化进程不断加深。根据其不同时期的特点俄白一体化进程可以分为三个时期。

第一个时期:1991~1999年,白俄罗斯和俄罗斯在复杂的地缘政治环境下探索和尝试建立高度一体化的联盟国家。

俄白一体化的思想最早由1990~1991年时任白俄罗斯总理的克比奇提出,他认为白俄罗斯与原苏联各共和国有着密不可分的经济联系,主张把加强同独联体各国特别是与俄罗斯的政治经济合作作为对外政策的优先方向。[2] 1992年6月26日,俄白两国建立外交关系。1994年6月,白俄罗斯大选,年轻的政治家亚历山大·卢卡申科认为斯拉夫民族是能够把原苏联所有民族联合起来的核心。[3] 作为竞选口号他主张把与俄罗斯的融合作为其外交政策的核心,直到融入一个国家。当选总统后他没有食言,开始了与俄罗斯深度一体化的进程。

1995年2月21日,俄白两国总统签署了《俄罗斯联邦和白俄罗斯共和国友好、睦邻和合作条约》。1996年4月2日,两国在莫斯科签署了《关于组建俄罗斯和白俄罗斯共同体条约》,双方自愿组成一个深度融合的政治和经济共同体,即俄白共同体。这是两国在社会经济和政治领域接近道路上最重要的步骤,这个条约建立在《俄罗斯联邦和白俄罗斯共和国友好、睦邻和合作条约》以及1995年5月白俄罗斯全民公决结果和1995年10月俄罗斯联邦委员会两院决议的基础之上。《关于组建俄罗斯和白俄罗斯共同体条约》标志两国建立了同盟关系,俄白一体化正式启动,并成为建立"俄白联盟国家"的前奏。

---

[1] 国家在面临外部威胁的挑战时,或者采取制衡行为,或者追随强者。"制衡"是指与其他国家结盟以反对具有优势的威胁;"追随强者"是指与引发危险者结盟。〔美〕斯蒂芬·沃尔特:《联盟的起源》,周丕启译,上海人民出版社,2018,第17页。

[2] 郑羽主编《独联体(1991—2002)》,社会科学文献出版社,2005,第77页。

[3] 郑羽主编《独联体(1991—2002)》,社会科学文献出版社,2005,第78页。

此后，两国希望在经济和其他社会生活领域更多实现有效一体化，这促使双方决定把共同体改组为拥有更多权限的一体化组织——联盟。1997年4月2日，两国在莫斯科签署了《白俄罗斯和俄罗斯联盟条约》，1997年5月23日，《俄白联盟章程》通过，1997年6月11日，这两个文件生效。俄白共同体升级为俄白联盟，两国的一体化水平有了进一步提升。

1998年12月25日，卢卡申科和叶利钦签署了一系列新文件：《白俄罗斯和俄罗斯进一步联合的声明》《俄白两国公民平等权利条约》《为俄白两国经济主体建立平等条件的协定》。在第一个声明中两国承认俄白联盟是成功的，并认为有必要通过建立一个成熟的联盟国家来进一步深化一体化。一年后，即1999年12月8日，两国在莫斯科签署了《建立联盟国家条约》①，并通过了《俄罗斯联邦和白俄罗斯共和国落实联盟国家条约条款行动纲领》，"俄白联盟国家"成立。联盟国家标志着两国联合成民主法治国家的进程进入新阶段。②

根据《建立联盟国家条约》，联盟国家的目标是："1. 保证两国人民兄弟友谊和平民主地发展，巩固友谊和提高人民生活水平；建立统一经济空间以保证在整合物质智力潜力和利用市场经济机制的基础上实现社会经济发展；在公认的原则和国际法准则基础上遵守公民的基本权利和自由；实施协调的对外政策和防御政策；建立民主国家统一的法律基础；实施协调的社会政策，为保证人的体面生活和自由发展创造条件；保证联盟国家的安全，与犯罪作斗争；为巩固欧洲和世界和平与安全开展互利合作，发展独立国家联合体。2. 联盟国家目标的实现将根据经济和社会问题的需要按照优先原则分步骤进行，具体措施以及落实具体措施的期限由联盟国家相关机构决定，或者参加国通过签署其他条约来决定。3. 随着联盟国

---

① 白俄罗斯在1999年12月24日批准该条约，俄罗斯在2000年1月2日批准条约，2000年1月26日，在两国议会批准该条约后，该文件生效。

② Договор о создании союзного государства, Статья 1, http：//www.soyuz.by/about/docs/dogovor5/.

独联体

家的发展,将考虑通过其宪法。"①

联盟国家的机构设置为:联盟国家最高国务委员会、联盟国家议会、联盟国家部长会议、联盟国家法院、联盟国家审计署。这些机构的职能和权限取决于联盟国家主管的问题。

《建立联盟国家条约》的签订具有深远的意义,当时白俄罗斯领导人卢卡申科说:"我们可以在国防和安全领域进行更密切的合作,在国际舞台上用一个声音说话,签署条约是历史的必然,该条约是进入21世纪我们两国关系的基础。"而叶利钦握着卢卡申科的手总结道:"直到永远"。②

俄白一体化的第一阶段持续到1999年底,这一阶段是俄白一体化集大成时期,双方历经俄白共同体、俄白联盟、俄白联盟国家发展三部曲,签署了一系列务实合作条约。两国关系发展紧密,在国际舞台上相互协作,互相支持。

第二个时期:2000~2010年,俄白联盟国家进一步发展,引领欧亚一体化。

2000年初,普京就任俄罗斯总统,俄白一体化开启了第二个阶段。普京将加强与独联体国家的合作视为俄罗斯外交政策的优先方向,将加强俄白联盟关系视为头等重要的任务。③ 2003年1月,俄白两国签订了《联盟国家社会发展构想(2003—2005年)》,双方规划了各个领域的合作项目并规定了实现时间。此外,普京积极落实《为实现联盟国家条约的行动纲要》中一系列项目,在增加联盟预算、推进货币一体化进程、强化社会各领域交流以及起草联盟宪法等方面做了大量工作。

普京在密切俄白关系的同时积极推动欧亚一体化进程。2000年10月10日,欧亚经济共同体成立,这是包括俄罗斯、白俄罗斯、哈萨克斯坦、

---

① Договор о создании союзного государства, Статья 2, http://www.soyuz.by/about/docs/dogovor5/.
② Союзное государство: 20 лет совместного развития, https://www.postkomsg.com/files/tilda/20years_ of_ union_ state/.
③ Концепция внешней политики Российской федерации, 2000г., http://docs.cntd.ru/search/intellectual/q/.

吉尔吉斯斯坦和塔吉克斯坦五个国家的国际经济组织。它的建立是欧亚一体化实践中的转折点，①随着独联体整体一体化的受挫，欧亚经济共同体成为俄罗斯、白俄罗斯和中亚统一的组织。该组织以经济合作为重点，旨在在统一法律和协调经济结构改革进程的基础上进行更密切的合作。它的建立发展借鉴了许多俄白联盟国家的经验。

在第二阶段，俄白联盟国家项目进一步发展，但速度有所放缓，俄罗斯领导层在发展俄白关系的同时，开始更多关注欧亚地区一体化的发展。在这一时期，俄白联盟国家主要发挥了引领欧亚一体化的作用。

第三个时期：2011年至今，在欧亚一体化新形势下探索俄白联盟国家发展路径。

2011年10月3日，普京在其第三任期上台前夕在《消息报》发表题为《新欧亚一体化计划——未来诞生于今日》的文章，提出了欧亚联盟的设想，也开启了加速欧亚一体化的进程。普京希望建立"一个强大的超国家联盟模式，能够成为当今世界的一极，并成为连接欧洲和蓬勃发展的亚太地区的纽带"。②普京提出的"欧亚联盟"设想首先得到哈萨克斯坦和白俄罗斯领导人的支持。

2015年1月1日，欧亚经济联盟成立。它是独联体地区新的经济一体化组织。它的启动是欧亚一体化的重要事件，俄罗斯把工作重心放在了这个组织上，俄白联盟国家的发展速度有所减缓，但这并不意味着联盟国家失去了存在的必要。独联体研究所所长康斯坦丁·扎图林认为，"欧亚经济联盟的发展不应导致联盟国家的废除。俄白联盟国家的发展潜力似乎比欧亚经济联盟的发展潜力更深，联盟国家的消失会使俄罗斯利益受损，并对后苏联空间的融合起到反作用"。③

---

① Нурсултан Назарбаев: Евразийский Союз: от идеи к истории будущего, Известия, 25 октября 2011.
② Владимир Путин: Новый интеграционный проект для Евразии — будущее, которое рождается сегодня, Известия, 3 октября 2011.
③ Константин Затулин: Потенциал Союзного государства гораздо более глубокий, чем потенциал ЕАЭС, http: //www.materik.ru/rubric/detail.php? ID = 19901&phrase_ id.

独联体

俄白联盟国家和欧亚经济联盟不是互相排斥的,两个一体化机构相得益彰,应该并行发展。俄白联盟国家的发展为欧亚经济联盟提供了前车之鉴,将来欧亚经济联盟在向政治一体化过渡期间可充分利用俄白联盟国家建设的经验。联盟国家应该被视为整合欧亚经济联盟的核心,它将客观地加强欧亚联盟的形成,使后苏联空间的融合过程本身不可逆转。①

通过以上三个发展阶段可以看出,"融合"是俄罗斯和白俄罗斯的国家理念,两国领导人积极推动联盟在各领域的合作以及项目的落实,使联盟国家在既定的轨道上前进。

二 俄白联盟国家的特点

俄白联盟国家与该地区其他一体化组织相比有其自身特点。

第一,建立在经济密切联系基础上的全方位一体化。无论从广度还是深度上来说,俄白联盟国家的一体化程度都非常高,这是独联体地区其他一体化组织无法企及的。独联体其他次区域组织通常把目标首先定为经济一体化,而俄白一体化开始的定位就是两国全方位高度融合,即包括经济一体化在内的涵盖政治、军事、社会、人文、外交政策全方位的一体化。

第二,密切的军事合作与共同的防御政策。军事合作的密切程度是衡量两国关系的重要指标。虽然两国都与世界上很多国家发展军事和军事技术合作,但俄白在军事上互为最重要的战略伙伴。

在成为联盟国家之前,双方就为了保证安全签署了一系列军事合作条约和协议,并成立了国防部联合部务委员会。1999年签订的《建立联盟国家条约》第18条规定,联盟国家主要目标之一是"建立联合防御政策、协调军事建设领域的活动、发展成员国武装部队、共享军事基础设施,以及采取其他措施保持联盟国家的防御能力"。②

两国认为建立俄白两国在集体安全保障方面的合作具有重要意义:无

---

① Л. Е. Криштапович: Союзное государство как исторический выбор Беларуси и России. http://www.materik.ru/rubric/detail.php?ID=15992&phrase_id.

② Договор о создании союзного государства, Статья 18, http://www.soyuz.by/about/docs/dogovor5/.

论是在集安条约组织框架内发展军事和军事技术合作，还是配合国际社会寻找应对带有全球性质的新挑战和新威胁的方法都需要两国建立完善和密切的军事合作系统。① 2009 年两国计划每两年举行一次演习。②

第三，共同的种族、历史、语言、文化和宗教信仰使俄白联盟国家成为东斯拉夫人民紧密连接的一体化组织。公元 4~6 世纪分支出来的东斯拉夫人是俄罗斯人、乌克兰人和白俄罗斯人的祖先。③ 俄白在宗教源头上是相同的，公元 10 世纪，它们共同受洗，接受了东正教。公元 18 世纪，俄、普、奥三国瓜分了波兰立陶宛大公国之后，白俄罗斯成为俄国的一部分，自此以后，俄白两个民族共同生活的历史长达 300 年之久，直到苏联解体。两个斯拉夫民族并肩作战共同抵御过 1812 年拿破仑的入侵、共同经历了两次世界大战，两个民族命运紧紧联系在一起。

在白俄罗斯，国语是白俄语和俄语④，俄语和白俄罗斯语具有同等重要的地位，两个斯拉夫民族在沟通上毫无障碍。俄罗斯东正教会牧首阿列克谢二世认为，俄罗斯和白俄罗斯应该保持神圣的东正教的统一，两国人民将会统一。⑤

正是共同的种族、历史、语言、文化和宗教信仰这些因素构成了俄白联盟国家的内核，成为两国得以接近结成联盟的根本原因。

第四，地缘上互相倚重，互为重要的安全保障。俄罗斯与白俄罗斯两国毗邻，对于俄罗斯来说，一方面，白俄罗斯可以成为俄西部的缓冲地带，构成俄西部稳固的战略屏障，加大了俄与西方战略博弈的空间；另一方面，白俄罗斯是俄罗斯通往欧洲的西部门户，俄可借助这个运输

---

① 《两国元首签署巩固集体安全体系宣言》，俄罗斯卫星通讯社，2008 年 6 月 23 日，http://sputniknews.cn/russia/2008062342181909/。
② 《梅德韦杰夫：俄白应发展军事合作》，俄罗斯卫星通讯社，2009 年 11 月 24 日，http://sputniknews.cn/russia/2009112442642078/。
③ 于沛、戴桂菊、李锐：《斯拉夫文明》，福建教育出版社，2008，第 3~4 页。
④ 〔白〕А. А. 科瓦列尼亚主编《白俄罗斯简史》，赵会荣译，王宪举校，社会科学文献出版社，2016，第 1 页。
⑤ Под редакцией Г.А.Рапоты, Р.А.Курбанова: Союзное государство Белоруси и России, С.17, Москва 2019, ООО Издательство Юнити Дана.

独联体

走廊实现与中西欧主要贸易伙伴的陆路联系。对于白俄罗斯来说，与俄罗斯结盟有助于其国家安全。苏联解体后，白俄罗斯面临的地缘政治环境并不乐观，特别是卢卡申科上台后，欧美国家指责他是"欧洲最后一位独裁者"，对白实施了一系列制裁措施。与俄罗斯的合作，特别是两国在军事领域的密切合作增强了白俄罗斯的安全保障，扩大了其外交回旋余地。

三 在危机中强化的俄白关系

俄白联盟国家具有独联体地区其他一体化组织所没有的特点，正是这些特点使俄白联盟国家独树一帜，在后苏联空间结成相对稳固的联盟。尽管如此，联盟国家在20多年的发展过程中也面临很多问题：虽然两国在各个领域进行全方位的合作，但是联盟国家的最终目标没有达成，建立统一经济空间的设想也发展滞后。① 如何在政治经济一体化变化的情况下平衡两国关系是需要思考的重要问题。② 转机出现在2020年8月的白俄大选危机后，危机"促使"俄白两国的一体化进程大幅度推进了。

2020年初，由于在能源价格上没有达成一致，俄白产生龃龉。美国趁机向白俄罗斯抛出了橄榄枝，承诺帮助其解决能源问题，白俄罗斯一度表现出对欧美的热情。8月9日，白俄罗斯举行总统大选。计票结果显示，现任总统亚历山大·卢卡申科的得票率为80.23%，第六次当选白俄罗斯总统。大选结果公布后，白俄罗斯反对派发起了激烈抗议运动，欧美国家纷纷表示支持反对派，向卢卡申科施压，逼迫其下台。

8月10日，独联体国家观察员小组组长谢尔盖·列别杰夫在新闻发布会上表示，白俄总统大选符合法律规定，公开透明，具有竞争性，实现了公民意志的自由表达。独联体国家议会大会观察员小组协调员奥列格·梅利尼琴科参议员向卫星通讯社表示，明斯克的抗议活动明显带有挑衅

---

① Алексей Викторович Шурубович, Российско-белорусская интеграция вновь на перепутье, Мир перемен, 2020. No1.
② Андрей Суздальцев, Кризис союзного государства Белоруссии и России, Мировая экономика и международные отношения, 2020 No3.

性，不能证明白俄罗斯总统大选投票结果有问题。

同日，俄罗斯克里姆林宫新闻处发布消息，俄总统普京祝贺亚历山大·卢卡申科连任白俄罗斯总统。电文中强调："我期望，您主持国家事务将有助于进一步发展各个领域互利的俄白关系，加深联盟国家框架内的合作，加强欧亚经济联盟和独联体一体化进程，以及集体安全条约组织中的军事政治联系。这毫无疑问符合俄罗斯和白俄罗斯兄弟人民的根本利益"。①

白俄罗斯大选危机期间，俄罗斯立场鲜明地站在卢卡申科一边，认可大选结果，批评西方国家干涉白俄罗斯内政，并承诺必要时在联盟国家和集体安全条约组织框架内协助白俄罗斯解决面临的问题。9月14日，白俄罗斯大选后卢卡申科首次出访，在索契与普京会晤。双方就联盟国家框架内的一体化前景及两国战略关系进行了一对一的深入交谈。莫斯科表示将履行15亿美元的贷款协议。卢卡申科认为，白俄罗斯的边境就是联盟国家的边境，未来两国应进一步加强军事合作，抵御西部地缘压力。正是在俄罗斯的支持下，卢卡申科开始稳定局势，一场"颜色革命"浪潮开始退去。

白俄大选之后，欧美却完全换了一副面孔。对比近年来欧盟对白俄罗斯的"友善"和美国在2020年初许诺给白俄罗斯供应石油时的热情，白俄罗斯遭受了欧美态度的急转直下。欧美拒绝承认卢卡申科是合法总统这一事实使白俄罗斯多年来奉行多边外交和与西方国家改善关系的努力前功尽弃。其实，对于白俄罗斯，欧美并没有特别浓厚的兴趣。而在白俄罗斯背后的俄罗斯才是它们真正的博弈对象。美国和欧洲的政治家担心俄白日益融合可能改变欧洲的"力量均衡"。因此，美西方不遗余力分化瓦解俄白联盟，防止其达到更高的一体化水平。

2020年8月的白俄大选危机结束后，俄白两国关系得以强化。2021年9月，俄白两国就有关联盟国家的所有28项合作计划达成一致，并宣

---

① 《俄罗斯总统普京向白俄罗斯当选总统卢卡申科致贺电》，搜狐网，2020年8月10日，https://www.sohu.com/a/412450726_260616?_trans_=000014_bdss_dknfqjy。

布两国开始经济一体化。①多年来一直不温不火的俄白联盟国家大踏步向前推进了。

综上所述,俄罗斯对白俄罗斯政策的关键点是:在独联体、联盟国家、欧亚经济联盟及集体安全条约组织框架内积极推动与白俄罗斯的一体化进程;利用共同的种族、历史、语言、文化和宗教信仰等因素,巩固两国关系发展精神内核;确保白俄罗斯成为俄罗斯西部稳固的战略屏障,保证俄罗斯西部安全。

第二节 俄罗斯与乌克兰关系

在俄罗斯与独联体国家双边关系中,俄乌关系属于最重要的一组双边关系,但俄乌关系的发展却充满了曲折与不确定性。

一 2014年前俄乌关系发展历程

从1995年开始,在俄罗斯的对外战略中,独联体始终位于其对外政策优先方向。在北约和欧盟双东扩的大背景下,位于俄罗斯西部边疆的乌克兰拥有重要和特殊的意义。

与此同时,对俄关系始终是独立后的乌克兰对外政策中最重要的关系之一。在乌克兰对外政策中,乌俄关系是同乌克兰与美国和欧盟关系综合考虑和处理的。独立后的乌克兰把维护国家独立、领土完整和中立国地位作为对外政策的基本原则,通过与欧洲及欧盟一体化和与美国合作提高乌克兰国家地位,平衡俄罗斯对乌克兰的影响。②乌克兰历任总统在处理对

---

① 2021年9月,俄白两国就有关联盟国家的所有28项合作计划达成一致,并宣布开始两国经济一体化。俄白双方同意奉行共同的宏观经济政策,协调货币政策。两国计划进一步深化税收和海关关税一体化,并继续推进单一货币、货币监管以及国家支付系统的整合。同时,俄白开始举行年度最大规模的军事演习,以回应北约在边境地区不断进行的军事挑衅。俄白两国还就敏感的俄能源定价问题达成一致,2022年俄对白天然气出口价格将继续维持在2021年的水平。

② 参见沈莉华《苏联解体后的俄罗斯与乌克兰关系研究》,黑龙江大学出版社,2017,第89、103页。

俄以及对西方关系方面，采取了不同的立场。正是领导人和执政集团在对外政策中这种立场差异决定着乌克兰与外部世界的关系，也决定着乌克兰国内的稳定。

1994年当选的乌克兰总统库奇马在外交上采取务实、灵活的政策。他在执政期间把融入欧洲作为对外政策的首要目标，并将其明确写入《乌克兰宪法》《乌克兰对外政策基本方针》《乌克兰国家安全构想》等重要文件①，同时他领导的乌克兰也积极发展同俄罗斯的良好关系。1997年5月30日，俄乌两国签署了为期10年的《乌俄友好、合作和伙伴关系条约》，奠定了两国友好关系的基础。

乌克兰对俄罗斯的能源依赖非常强，其80%的石油和天然气都从俄罗斯进口。与此同时，乌克兰也是俄罗斯天然气输往欧洲的最重要通道之一。普京出任俄罗斯总统之后，俄罗斯依然在能源价格上给予乌克兰优惠政策。在对待与乌克兰关系上，俄罗斯以能源促合作。政治上，2003年5月，俄乌签署了战略伙伴关系宣言；经济上，2003年9月，俄、乌、白、哈、摩"独联体自由贸易区"②建立。

在库奇马执政的1994~2004年期间，俄乌关系虽有摩擦，但总体来说比较平稳。俄乌关系的第一次转折出现在2004年底。在乌克兰新一次大选中，爆发了"橙色革命"。美西方支持的乌克兰反对派候选人尤先科（2005~2010年在任）战胜亚努科维奇当选为乌克兰新一任总统。尤先科上台后，施行了激进的亲西方政策，将加入北约作为其对外政策的首要任务。其执政期间，在俄格战争中公开支持格鲁吉亚、在乌克兰人文领域排挤俄语地位、与俄罗斯的能源联系出现危机、与欧洲就天然气供应达成交易，这一系列事件使俄乌关系降到了历史低点。

2010年2月当选的乌克兰总统维克托·亚努科维奇反对前任总统尤先科奉行的"亲欧疏俄"政策，主张在欧洲和俄罗斯之间寻求更加平衡

---

① 参见沈莉华《苏联解体后的俄罗斯与乌克兰关系研究》，黑龙江大学出版社，2017，第103~104页。
② 2002年7月30日，乌克兰议会批准了《独联体自由贸易区协议》。

独联体

的外交政策。他认为乌克兰是东西方的桥梁,乌应该继续保持不结盟的身份,参与欧洲和独联体一体化进程。乌俄关系一度发展顺畅。特别是2010年春天,俄乌签署了将黑海舰队的驻扎期延长至2042年的协议,两国迎来了蜜月期。但是2011年,俄乌之间出现摩擦,双方在天然气价格和乌克兰加入关税同盟的前景等问题上发生争论。2011~2013年,乌克兰在独联体关税同盟和欧盟之间一直举棋不定,反复无常。对此,俄罗斯官方明确表示:"不能接受乌克兰'脚踏两条船',若其与欧盟结盟,关税同盟将果断采取贸易保护措施。"①

事实证明,希望在两个存在竞争关系的国际组织中都得到实惠是不可能的。

2013年11月21日,乌克兰政府突然暂停了与欧盟签署准成员协定的筹备进程,当时距离原计划在维尔纽斯的"东部伙伴关系"峰会上签署该协定的时间仅剩一周。乌克兰反对派对这个决定表示不满,不断组织示威活动对政府施压,威胁让政府辞职、弹劾总统,掀起"广场革命"。最终,乌克兰总统亚努科维奇被推翻并流亡国外。

二 乌克兰危机后的俄乌关系

亚努科维奇被推翻后,乌克兰国内局势严重失控,各种政治力量的分歧难以弥合。2014年3月16日,乌克兰所属地区克里米亚举行全民公投。3月17日公布的结果显示,有96.6%的选民赞成克里米亚"加入"俄罗斯。3月21日,普京在克里姆林宫正式签署了克里米亚"入俄"条约,俄联邦委员会同日通过了克里米亚正式"并入"俄罗斯的有关法律。2014年3月与6月,乌克兰先后与欧盟签订了准成员国协定的政治和经济部分,②克里米亚事件加速了乌克兰西去的步伐。

2014年2月,乌克兰东部亲俄的卢甘斯克州和顿涅茨克州宣布成立

---

① Послание Президента Федеральному Собранию, http://www.kremlin.ru/news/19825.
② 乌克兰于2014年3月21日与欧盟签订了准成员国协定的政治部分,6月27日签订了经济部分,规定同欧盟建立自由贸易区。

"卢甘斯克人民共和国"和"顿涅茨克人民共和国"。乌克兰政府发动军事行动，双方发生严重武装冲突，导致大量人员伤亡。乌克兰国内冲突引起国际社会广泛关注和严重关切。2014年，由乌克兰、俄罗斯和欧安组织组成的乌克兰问题三方工作组在法国和德国领导人的协调下（即"诺曼底模式"），经过长时间谈判于9月在白俄罗斯首都明斯克签署关于立即停火的协议，俗称"明斯克协议"。但是该协议没有实现停火目标。2015年2月12日，双方又签署了一份停火协议，即"明斯克协议-2"。协议主要内容包括实现停火、从前线撤出重武器、释放战俘、乌克兰进行宪法改革、给予顿巴斯地区一定的自治和乌克兰政府恢复对国家边界的控制。但是"明斯克协议"始终没有得到执行。

2014年5月，彼得·波罗申科当选为乌克兰新一届总统，他依然实行融入欧洲的政策。乌克兰危机是俄乌关系史上的重大分界点。2014年12月，乌克兰议会对两部法律作出修订，放弃国家的不结盟地位。根据其新版军事学说，乌克兰恢复加入北约的路线，并应在2020年前保障其武装力量与北约成员国的军队完全兼容。危机中的乌克兰不断强化加入欧盟和北约的政策。2015年12月中旬，乌总统波罗申科访问布鲁塞尔期间签署乌克兰和北约"国防与技术合作路线图"。

此后几年，乌克兰与俄罗斯的关系持续交恶，俄乌外贸额大幅度下降，并没有向好迹象。2018年4月12日，乌克兰宣布退出独联体。这是继2014年俄"并入"克里米亚，乌宣布退出独联体后的又一次表态。当时，乌克兰宣布过退出独联体，但最终没有退出。乌克兰一系列举动意在得到西方认可，以便快速加入欧盟和北约。2018年5月19日，乌克兰签署了《关于终止在独立国家联合体框架内缔结的国际条约对乌克兰效力的法令》，并从独联体法定机构撤出其代表。

2018年12月6日，乌克兰最高拉达（议会）通过终止《乌俄友好、合作和伙伴关系条约》的决议。该条约签署于1997年，它是两国关系的基本文件，规定了两国战略合作伙伴关系。乌克兰的这一举动使俄乌关系变得更加复杂。

2019年2月，乌克兰最高拉达正式通过宪法修正案，把乌加入欧盟和北约的方针作为国家基本方针写入宪法。俄乌关系进一步疏远。

2019年4月23日大选获胜上台的乌克兰总统弗拉基米尔·泽连斯基把成为北约成员国作为乌克兰的优先事项。2020年8月，乌克兰退出了独联体国家在民用航空领域缔结的七项国际条约。

2022年2月24日，俄罗斯在与西方就乌克兰问题和安全问题沟通失败后，宣布对乌克兰发动"特别军事行动"。此后，乌克兰危机不断升级并引发全球地缘政治危机。

三　俄乌关系中的美西方因素

不可忽视的是，在俄罗斯与乌克兰的关系当中，美国因素一直存在。乌克兰成为俄罗斯和美国为实现自身地缘政治目标而争夺的对象。

美国对乌克兰的政策就是使其脱离俄罗斯影响，进入西方轨道。2013年12月末，乌克兰发生"广场革命"之际，美国明确表示支持乌克兰的加入欧盟诉求。独联体成立初期，美国对乌克兰提供的援助主要集中在经济、人文等领域，2014年后对乌克兰的援助则是以乌克兰加入北约为目标的，因此援助中有相当部分是军事技术方面的。

美国为乌克兰提供大量资金援助，培训乌克兰军人，向乌克兰出售武器。在2018年3月，美国就已经向乌克兰出售过总价值约4700万美元的武器。美国军援款项的一部分被用于采购致命性武器。①

2019年9月12日，美国参议院拨款委员会通过2020财年国防预算案，批准为乌克兰拨款2.5亿美元作为对其安全援助。② 9月16日，美国五角大楼代表表示，美国政府希望额外向乌克兰划拨1.415亿美元用于安全领域的援助项目。③ 2019年10月，美国务院再次批准向乌克兰出售价

---

① 《乌克兰与美国签约采购第二批"标枪"反坦克导弹系统》，俄罗斯卫星通讯社，2019年12月27日，http：//sputniknews.cn/military/201912271030327086/。
② 《美国参议院委员会批准2020财年向乌克兰拨款2.5亿美元》，俄罗斯卫星通讯社，2019年9月13日，http：//sputniknews.cn/politics/201909131029547534/。
③ 《美国希望向乌克兰额外提供1.415亿美元用于安全领域的援助》，俄罗斯卫星通讯社，2019年9月17日，http：//sputniknews.cn/economics/201909171029572725/。

值近 4000 万美元的"标枪"反坦克导弹系统,其中包括 150 枚"标枪"导弹及相关设备。

俄罗斯认为,乌克兰加入北约意味着北约军事基础设施进一步接近俄边界,这不会有助于加强欧洲安全……俄罗斯一再警告美国不要向乌克兰提供武器,因为这只会导致顿巴斯冲突的升级。俄罗斯多次表示,美国直接或者间接地影响了俄罗斯同邻国之间的关系,美国向乌克兰提供武器的行为无助于顿巴斯问题的解决,也无助于明斯克协议的实施。俄罗斯国家杜马主席纳雷什金认为美国厚颜无耻且不负责任的政策正将世界推向新"冷战"边缘。[1]

除了美国之外,北约对乌克兰的影响也极为深刻。2014 年末,乌克兰恢复加入北约路线后,北约领导人多次表达了支持。俄罗斯对此强烈反对。俄认为,乌克兰加入北约问题不直接涉及俄罗斯,但它在极大程度上间接涉及俄罗斯。[2] 同时,俄罗斯认为,这不利于巩固欧洲安全与稳定。[3] 2020 年 6 月 12 日,北约向乌克兰提供了加强型伙伴国地位,乌成为北约第六个加强型特殊伙伴国。[4] 显然,乌克兰加入北约就意味着与俄罗斯直接进行对抗,这是导致乌克兰与俄罗斯陷入最为严重分裂的最重要原因。

2022 年 2 月 24 日,乌克兰危机全面升级。冲突致使俄乌两国断交,关系完全破裂;俄罗斯与西方关系降至冰点。俄乌冲突是近年来国际社会发生的最大规模的军事冲突,给地区和国际形势造成了深远影响。

综上所述,在俄乌关系中,俄罗斯对乌克兰的政策目标是:尽力将乌克兰留在独联体框架内,使乌克兰成为该框架一体化进程的参与者;对乌

---

[1] 《俄议长:美国不负责任政策将世界推向新冷战边缘》,中国新闻网,2014 年 9 月 16 日,http://www.chinanews.com/gj/2014/09-16/6597642.shtml。
[2] 《总统新闻秘书:乌克兰接近北约将不会有助于加强欧洲安全》,俄罗斯卫星通讯社,2017 年 7 月 10 日,http://sputniknews.cn/politics/201707101023076326/。
[3] 《俄白联盟国家国务秘书:白俄大选中未发现违法行为》,俄罗斯卫星通讯社,2020 年 8 月 10 日,http://sputniknews.cn/politics/202008101031937136/。
[4] 2014 年北约引入"增强版"伙伴国地位,以便与北约建立更深入、专门的双边关系。此前获得该地位的国家包括澳大利亚、芬兰、格鲁吉亚、约旦和瑞典。

独联体

克兰加入北约持坚决反对态度，这是俄对乌政策红线；在乌俄罗斯族的安全与发展在俄罗斯考虑之中。长期以来，乌克兰积极加入北约和欧盟的政策直接触及了俄罗斯对乌政策底线，这是俄乌持续交恶的重要原因。同时，以美国为首的北约对乌克兰的染指是西方干涉独联体事务的缩影，这是导致俄罗斯与西方直接对峙的重要原因之一。这一矛盾近期无法解决，俄与西方博弈在独联体地区特别是乌克兰仍将持续上演。

第三节 俄罗斯与中亚关系

中亚地区，是指后苏联空间的哈萨克斯坦、吉尔吉斯斯坦、塔吉克斯坦、乌兹别克斯坦和土库曼斯坦五国。30年来，中亚各国在独立后各自走上了民族国家建设和发展道路，基本上完成独立主权国家建设过程。在社会经济发展方面，由于历史、政治、经济、文化、传统、人口和资源禀赋的关系，发展差异较大。对于俄罗斯来说，中亚是历史形成的特殊利益地区，是政治、军事、经贸和人文领域优先合作的重要伙伴，也是保证欧亚国家南部安全的重要伙伴。

俄罗斯与中亚所有国家都建立了战略伙伴关系，与大多数国家建立了同盟关系，这意味着在遭到侵略和其他重大安全威胁时双方将相互提供援助。俄罗斯与中亚国家形成了定期高层会晤机制。国家领导人之间保持着高频率接触。

目前，俄罗斯与中亚在双边基础上，以及在独联体、集体安全组织、欧亚经济联盟和上合组织等一体化组织框架内进行富有成效的互动。

一 俄罗斯与中亚经济、人文关系

经济方面：俄罗斯与中亚的经济联系非常活跃，地区间的横向经济合作迅速发展。俄罗斯与中亚国家关系的快速发展主要得益于深厚的法律基础，目前，双方总共签署900多个双边和跨政府合作协议，70%是关于经济合作的。俄罗斯是中亚国家最大的投资者，俄罗斯对地区投资总额达200亿美元（其中47%为能源领域，22%为有色金属产业，15%为电讯产业），中亚地区有1万多家俄罗斯参股的合资企业。① 2018年，俄罗斯与中亚国家贸易总额达258亿美元，其中与哈萨克斯坦贸易增长4.2%，为182亿美元，与吉尔吉斯斯坦贸易增长16.9%，为18.8亿美元，与塔吉克斯坦贸易增长24.6%，为8.93亿美元，与土库曼斯坦贸易增长3.7%，为4.44亿美元，与乌兹别克斯坦贸易增长20%，为43.8亿美元。② 贸易结构方面，除原材料外，主要有农产品、化工产品、药品、金属、汽车以及机电产品等。

俄罗斯还帮助中亚国家解决可持续发展问题。2008~2019年俄罗斯提供总数达60多亿美元的资金，其中42亿美元是双边项目，近20亿美元通过联合国等国际组织提供。③ 俄罗斯帮助中亚国家建立和更新经济贸易和工业基础设施，发展医疗和教育，保证地区国家粮食和生态安全。

人文方面：俄与中亚各国对区域和全球议程主要问题的做法一致或非常接近，经贸关系十分密切，人文交流稳步推进，俄语仍然是中亚地区主要的民族间交流语言。俄重视对外国公民俄语教师的培训。

大约有17.2万名中亚国家的学生在俄罗斯大学就读，其中5.9万人由俄罗斯联邦预算提供资助。中亚各国都有俄罗斯重点高校代表处或者分校，比如莫斯科大学、俄罗斯普列汉诺夫经济大学、莫斯科航空学院、莫斯科动力学院、俄罗斯石油天然气大学、莫斯科国立技术大学等。2019年5月，俄罗斯莫斯科国际关系学院第一所分校在乌兹别克斯坦开办。在吉尔吉斯斯坦和塔吉克斯坦有与俄罗斯联合开办的大学：吉尔吉斯-俄罗斯斯拉夫大学、俄罗斯-塔吉克斯拉夫大学。在阿什哈巴德开办的俄罗斯-土库曼普通教育学校很受欢迎。目前，俄正与哈萨克斯坦商议在哈萨克斯坦创办俄哈大学和普通教育学校。俄罗斯高校在中亚国家的分校培养了数以万计的年轻专家。在俄语学校学习使中亚国家公民获得在俄罗斯高校学习的同等机会。

---

① Россия и Центральная Азия, https：//www.mid.ru/rossia-i-problemy-central-noj-azii.
② Россия и Центральная Азия, https：//www.mid.ru/rossia-i-problemy-central-noj-azii.
③ Россия и Центральная Азия, https：//www.mid.ru/rossia-i-problemy-central-noj-azii.

独联体

劳动力市场：俄罗斯与中亚国家（土库曼斯坦除外）的免签证制度、安全合作以及无语言障碍等因素使中亚国家公民对俄罗斯劳动力市场保有很高的兴趣。各国政府在移民调节领域密切合作，不断完善有关立法基础。2017年，俄罗斯与乌兹别克斯坦签署《关于有组织地挑选乌兹别克斯坦公民在俄罗斯联邦工作的政府间协议》是一个良好"创举"。此后，俄罗斯与塔吉克斯坦也准备签署类似协议，与吉尔吉斯斯坦也在起草类似的政府间文件。目前总共有400多万名中亚国家公民在俄长期工作。2013~2018年，中亚国家的侨汇收入为552亿多美元。据有关专家估计，外来移民创造了俄罗斯近10%的GDP。[①]

二 俄罗斯与中亚安全问题

中亚国家对俄罗斯的意义重大，尤其是中亚的安全形势对俄罗斯有很大影响。一个不稳定的中亚会对俄罗斯的安全与稳定构成威胁。

中亚的安全威胁主要有以下几个方面：其一，主要的安全威胁来自阿富汗领土；其二，外国军事恐怖分子在参与西亚北非战争后企图回国的频繁跨境流动是一大危险；其三，恐怖主义与有组织犯罪和贩毒。俄罗斯特别重视在上海合作组织地区反恐机构框架内加强合作，该地区几乎所有国家，包括阿富汗，都是上海合作组织成员国、观察员或对话伙伴。集体安全条约组织在维护地区稳定方面也非常重要。其任务包括打击恐怖主义、非法贩毒和网络威胁。

俄罗斯与中亚各国在集体安全条约组织、独联体和上海合作组织框架内在反恐和反毒品方面的合作具有不可替代的意义。2019~2021年，俄罗斯给塔吉克斯坦拨款了350万美元用于反毒品威胁。[②] 俄罗斯与联合国禁毒署有合作项目，为中亚国家、阿富汗和巴基斯坦培训缉毒后备人才。

随着美国从阿富汗撤军，中亚地区安全问题再次引起俄罗斯与有关国家关注。中亚的塔吉克斯坦、乌兹别克斯坦和土库曼斯坦与阿富

---

① Россия и Центральная Азия, https://www.mid.ru/rossia-i-problemy-central-noj-azii.
② Россия и Центральная Азия, https://www.mid.ru/rossia-i-problemy-central-noj-azii.

汗接壤，其中塔吉克斯坦与阿富汗的边界长达1400多公里，乌兹别克斯坦114公里，土库曼斯坦800多公里。保证这个漫长边界的安全，阻止境外恐怖主义和非法贩运毒品行为，是摆在俄罗斯与中亚国家面前的现实迫切任务。

三 俄美在中亚的博弈

俄罗斯与中亚的关系时常受到美国掣肘。美国在"9·11"事件后不断扩大在独联体地区的影响力。在中亚方向，"9·11"事件后，美国借反恐之名进驻中亚，大幅提升美国在中亚的存在，力图将其打造为美国反恐战略的重要"支点"。2005年之后，美国又积极推行"大中亚计划"[①]，运用政治、经济、军事、人文等综合手段加大对中亚国家的介入，削弱俄罗斯在地区的影响力，企图重塑中亚地缘政治格局。美国通过各种传统影响手段和"C5+1"机制在中亚培养了大批亲美精英，哈萨克斯坦、乌兹别克斯坦外交政策中表现出的独立自主成分，除本国政治进程因素外，也不同程度地受到美西方影响。[②]

中亚是俄罗斯重要的利益空间，俄罗斯对中亚政策是：巩固和发展与中亚各国的良好关系，保持俄罗斯在中亚的主导地位；加强与中亚国家的安全合作，防止中亚安全局势恶化外溢效应对俄产生影响；深化与中亚国家在欧亚经济联盟、集体安全条约组织，以及在上合组织框架内的密切合作。

总之，俄罗斯与中亚长达30多年的一体化融合使俄在中亚占得先机。

[①] 由美国学者提出，最终上升为美国政府层面的针对中亚和南亚地区的对外政策构想。2005年8月，美国约翰斯·霍普金斯大学中亚问题专家斯塔尔在《外交》季刊上发表题为《美国与大中亚：合作与发展伙伴关系计划（GCAP）》的文章，首次提出了"大中亚计划"，强调美国的战略目标要求其在大中亚地区建立涉及政治、经济与安全的多边机制，以阿富汗为立足点，通过共同利益与共同需求将阿富汗与中亚五国及印度、土耳其连接成一个地缘板块，以促进该地区发展和民主改造，帮助美国应对极端主义。该计划很快得到美国政府的认可，美政府官员在国会听证会、政府战略报告等场合和文件中进一步阐述"大中亚计划"的构想，并争取中亚国家的支持。

[②] 李永全：《欧亚地缘政治形势与大国博弈》，《俄罗斯研究》2020年第4期。

独联体

虽然受美欧政策影响，中亚某些国家的政策呈现出摇摆性，但无法抹杀俄罗斯在这一地区仍占优势的事实。

第四节 俄罗斯与南高加索关系

高加索地区具有重要地缘政治意义，是大国关注的战略要地。高加索山脉自西北和向东南横贯黑海和里海之间。苏联时代，整个高加索地区，除土耳其外，均是苏联领土。苏联解体后，高加索成为大欧洲和大中东的分界线。北高加索包括俄罗斯的车臣共和国、印古什共和国、达吉斯坦共和国、卡巴尔达－巴尔卡尔共和国、北奥塞梯共和国等。南高加索（亦称外高加索）则是格鲁吉亚、阿塞拜疆和亚美尼亚三国所在的地理区域。

一 南高加索重要的地缘政治意义

南高加索地区是多种民族、多种文化、多种宗教聚集地区，苏联解体后成为大国竞争的重要地区。首先，南高加索地区拥有丰富的自然资源，尤其是高品质的石油和天然气资源。其次，南高加索的地理位置决定了它的地缘政治意义。在某种程度上，控制了高加索地区就控制了进入欧亚大陆的通道。南高加索的阿塞拜疆、格鲁吉亚和亚美尼亚不仅受到接壤国家，即俄罗斯、土耳其和伊朗的关注，也受到美国、欧盟、中东国家的关注。对于美国和欧洲来说，防止俄罗斯控制南高加索是长远的地缘战略。美国从苏联解体后就开始经营南高加索。在美国看来，阿塞拜疆的位置"使它成为地缘政治支轴"。它是"一个至关重要的'软木塞'，控制着一个装着里海盆地和中亚的富饶资源的'瓶子'的通道"。[①] 美国必须与阿建立良好的关系，防止其倒向俄罗斯。同时，美国向格鲁吉亚提供巨大的政治、经济、军事援助，策动"颜色革命"。俄格战争之后，美国趁俄格

---

① 参见〔美〕兹比格纽·布热津斯基《大棋局：美国的首要地位及其地缘战略》，中国国际问题研究所译，上海人民出版社，2007，第39页。

交恶之机，促格签订了《格鲁吉亚与美国战略伙伴关系宪章》，进一步强化了安全防务、经济贸易、文化教育等领域的合作。多年来，美国为亚美尼亚提供丰厚的援助，并在能源开发等领域有所合作。

土耳其也对南高加索地区具有浓厚兴趣。一方面，土耳其要进入欧洲，高加索是它的必经之路，与此同时，如果土耳其欧洲化的步伐停顿下来，则阿塞拜疆和格鲁吉亚将会向俄罗斯方向发展。因此，土耳其扩大在高加索地区的影响既是土耳其地缘政治抱负的必然举动，也是美欧战略的补充。

对于俄罗斯来说，地缘经济上，南高加索是里海石油和天然气输往欧洲的通道，中亚的石油和天然气也需经过高加索地区输往欧洲。地缘政治上，南高加索是俄罗斯的安全屏障还是安全威胁，直接关系到俄罗斯的地缘战略环境是否安全。

二 俄罗斯在该地区热点问题上的外交实践

南高加索的地缘政治意义使它成为大国博弈的重要地区。博弈导致地区热点问题不断升温。格鲁吉亚的阿布哈兹和南奥塞梯问题，阿塞拜疆和亚美尼亚之间的纳戈尔诺-卡拉巴赫问题曾经长期是影响地区稳定的热点问题。俄罗斯对该地区热点问题的立场显示了其对南高加索的影响力仍在，甚至起到主导作用。

阿布哈兹和南奥塞梯位于格鲁吉亚。1991年春天，当格鲁吉亚宣布退出苏联时，阿布哈兹表示希望留在苏联。阿布哈兹大多数居民参加了关于保留苏联的全民公决投票，没有参加关于格鲁吉亚独立的全民公决。苏联解体后，阿布哈兹和格鲁吉亚领导人之间在宪法问题上的分歧加剧。1992年夏天，格鲁吉亚最高苏维埃决定恢复1921年《格鲁吉亚宪法》，随即阿布哈兹最高苏维埃宣布恢复1925年《阿布哈兹苏维埃社会主义共和国宪法》（基本法），其中核心问题是强调阿布哈兹与格鲁吉亚之间是条约关系。双方的分歧最后发展为武装冲突，导致1.7万人丧生。直到1994年4月，在俄罗斯和联合国的努力下阿布哈兹才实现暂时和平。2008年的俄格战事扩大到了阿布哈兹地区，随后阿布哈兹在俄罗斯的帮

独联体

助下清除了格鲁吉亚军队，宣布"独立"，并得到俄罗斯等少数国家承认。

南奥塞梯位于大高加索山脉南坡的中央地带，北部与俄罗斯的北奥塞梯接壤，占格鲁吉亚领土的18%。1990年9月，南奥塞梯宣布退出格鲁吉亚，引发了格鲁吉亚当局的镇压，冲突造成了400多名南奥塞梯人死亡。苏联解体后，1992年1月19日，南奥塞梯举行了全民公决，超过98%的人同意南奥塞梯共和国独立并与俄罗斯合并。90年代初爆发的武装冲突导致大批奥塞梯人离开家园，逃难到俄罗斯。

多年来，俄罗斯与格鲁吉亚进行谈判，签订了一系列协议，暂时稳定了地区局势。但南奥塞梯和格鲁吉亚方面的局部冲突一直没断。2004年上台的格鲁吉亚总统萨卡什维利对南奥塞梯和阿布哈兹实行了强硬政策，地区形势再次恶化。

2008年8月，格鲁吉亚政府突然向南奥塞梯派兵，希望快速控制局势。随后，俄罗斯立刻出兵格鲁吉亚，单方面宣布并承认南奥塞梯和阿布哈兹"独立"。2008年8月俄格战争后，俄罗斯领导人对后苏联地区"未被承认的国家"问题的态度发生了巨大变化。8月25日，俄罗斯联邦委员会和俄罗斯联邦国家杜马一致呼吁俄罗斯总统承认阿布哈兹和南奥塞梯的"独立"。8月26日，俄罗斯总统梅德韦杰夫签署法令，承认阿布哈兹和南奥塞梯"独立"。2008年的"八月炮火"极大恶化了俄格关系。格鲁吉亚于2009年8月正式退出了独联体。

纳戈尔诺-卡拉巴赫问题（纳卡问题）一直是影响亚阿两国关系的重要因素，也是影响独联体地区一体化进程的因素之一，该问题因其复杂性而久拖不决。俄罗斯发展同亚美尼亚与阿塞拜疆的关系，积极推动纳卡问题的解决。

纳戈尔诺-卡拉巴赫地区，是阿塞拜疆的一部分。纳卡问题具有深刻复杂的历史根源。苏联后期，各加盟共和国纷纷要求独立。各加盟共和国内部的民族问题也逐渐显现出来并不断激化，导致各层次民族问题集中爆发。

1988年2月，纳戈尔诺-卡拉巴赫自治州人民代表苏维埃非常会议通过了《关于退出阿塞拜疆和加入亚美尼亚的声明》。这个举动导致大规模族际冲突，结果是阿塞拜疆大多数城市和地区大规模驱逐亚美尼亚人。亚美尼亚则以牙还牙。到1989年初，几乎所有阿塞拜疆人被迫离开亚美尼亚，同时几乎所有亚美尼亚人被迫离开阿塞拜疆（不包括纳卡自治州）。苏联解体后的1991~1994年，亚美尼亚和阿塞拜疆之间的族际冲突发展为在纳戈尔诺-卡拉巴赫的大规模武装冲突。纳卡防御力量在亚美尼亚的支持下控制了与阿塞拜疆接壤的若干地区。1992年，为了调解纳卡冲突，成立了欧安组织明斯克小组。1994年5月5日，在明斯克小组和俄罗斯共同倡议下，冲突各方在吉尔吉斯斯坦首都比什凯克签署了《比什凯克议定书》，根据该文件达成共识，实现停火。这个协议给纳卡地区带来了暂时的和平。从这之后，阿亚双方就纳卡问题开始了艰苦的谈判之路。

进入新世纪，阿塞拜疆凭借石油收入加快武装力量建设，购买大量先进武器装备，大部分购自土耳其。与此同时，亚美尼亚经济形势日益严峻。2015年12月和2016年4月，阿塞拜疆武装力量和纳卡自卫队发生武装冲突。2018年，亲西方的帕希尼扬担任亚美尼亚总理，开始重新审视对俄政策，与美国走近。2020年9月，阿塞拜疆和土耳其抓住时机，向纳卡及被亚美尼亚占领地区发起史无前例的"大规模战争"①。除地面装备外，还动用了空中力量。

在纳卡地区发生的这场持续了六个星期的战争中，阿塞拜疆在土耳其的援助下赢得战争，收回被亚美尼亚占领的纳卡以外的领土。战争造成大量人员伤亡。2020年11月，在俄罗斯的积极调解下，俄罗斯、亚美尼亚和阿塞拜疆领导人签署在纳卡地区停火的联合声明：纳卡地区自11月10日起全面停火，阿塞拜疆和亚美尼亚停留在当前位置并交换战俘，俄罗斯维和人员进驻纳卡地区。俄罗斯总统新闻秘书佩斯科夫表示，俄罗斯珍惜与亚美尼亚和阿塞拜疆的友好关系，正是这种立场，使俄罗斯在纳卡局势

---

① Кавказский Узел，https：//www.kavkaz-uzel.eu/articles/90997/.

独联体

中起到了公正调停人的作用。①

2023年9月19日，阿塞拜疆在纳卡地区发起"反恐行动"，一日之内纳卡当局宣布投降。9月26日，阿政府军已控制纳卡地区大部分领土。9月28日，纳卡地方当局签署了一项法令，宣布"阿尔扎赫共和国"将于2024年1月1日起终止存在。而随着"阿尔扎赫共和国"终止存在，亚美尼亚与阿塞拜疆争夺了几十年的纳卡地区将全部归阿塞拜疆所有。纳卡问题暂时画上句号。

三 俄罗斯对南高加索政策

俄罗斯重视南高加索的稳定与安全，致力于发展与南高加索各国的互利友好关系。俄罗斯通过经贸领域和人文领域一些富有前景的项目，发展与亚美尼亚和阿塞拜疆的战略伙伴关系。相比较而言，俄罗斯与亚美尼亚的官方关系更加密切，因为亚美尼亚是集体安全条约组织成员国和欧亚经济联盟的成员国。对于格鲁吉亚，俄罗斯也没有完全关上大门，2012年俄罗斯对已经退出独联体的格鲁吉亚抛出橄榄枝：俄罗斯认为格鲁吉亚重返独联体不存在障碍，如果格方提出倡议，不会等很长时间。

俄罗斯一直没有放弃在该地区的主导地位的确立。2013年12月2日，俄罗斯总统普京表示俄罗斯打算加强其在南高加索的地位。普京强调："为了俄罗斯从祖先那里得到的一切会更好，为了发展包括亚美尼亚在内的所有地区国家的友好关系，俄罗斯从没有打算离开过南高加索，相反准备加强在南高加索的地位。"②

俄罗斯在积极推动纳戈尔诺-卡拉巴赫问题的解决过程中，凸显了其在南高加索事务中的主导作用。虽然近些年土耳其开始公开地、更大力度地介入欧亚事务，尤其高加索事务，但是其影响力仍然在俄罗斯的可控范

---

① 《克宫：普京在解决纳卡冲突中发挥了关键作用》，俄罗斯卫星通讯社，2020年11月13日，http://sputniknews.cn/russia/202011131032521495/。

② 《普京：俄罗斯计划加强其在外高加索的地位》，俄罗斯卫星通讯社，2013年12月2日，http://rusnews.cn/guojiyaowen/guoji_cis/20131202/43925501.html。

围之内。

综观独联体 30 年发展历程以及俄罗斯对南高加索外交实践，可以总结出俄罗斯对该地区政策的关键点：其一，俄罗斯希望与南高加索各国建立稳定友好关系；其二，俄罗斯仍然是独联体地区影响力最大的国家，俄要在南高加索保持主导地位，不允许域外国家在欧亚地区获得主导地位；其三，俄罗斯的南高加索政策必然与在该地区有利益企图的美西方发生碰撞，它们在高加索地区的博弈将长期存在。

第五节　俄罗斯与摩尔多瓦关系

虽然摩尔多瓦是独联体地区东欧板块的一个小国，但它与俄罗斯的关系也不容忽视。摩尔多瓦独立后，其对外政策取向是加入欧盟。

2014 年 6 月，摩尔多瓦与欧盟签署了建立全面自贸区的联系国协定。此后，莫斯科与基希讷乌的关系恶化。俄罗斯担心欧盟产品经过摩尔多瓦再出口，开始对摩某些品种的产品征收进口关税，取消对摩尔多瓦的自由贸易待遇，改提供最惠国待遇。这给摩尔多瓦的经济造成了一定冲击。

2016 年 12 月 13 日，摩尔多瓦社会党人伊戈尔·多东当选为新总统。摩尔多瓦的政策开始发生转向，与俄罗斯接近。他在接受 RT 电视台采访时说，俄罗斯市场是摩尔多瓦商品的传统市场，两年前与欧盟签署联系国协定后，摩损失了大约 50% 的对俄出口，摩丢掉了市场，但没有获得任何其他的东西。[1]

2016 年 12 月 23 日，多东就任摩尔多瓦总统。根据竞选纲领，他计划恢复与俄罗斯的战略伙伴关系，重启对俄出口贸易，使两国能源合作正常化。他多次强调"恢复与俄关系对摩尔多瓦至关重要"。摩尔多瓦的经济发展问题、德涅斯特河沿岸问题以及俄境内摩劳工等问题都离不开俄罗斯对摩尔多瓦的支持。同时，他力促摩尔多瓦成为欧亚经济联盟观察员

---

[1] 《摩尔多瓦总统：与欧盟签署联系国协定有损无益》，俄罗斯卫星通讯社，2016 年 12 月 16 日，http://sputniknews.cn/politics/201612161021415299/。

独联体

国。2017年4月14日，在比什凯克举行的欧亚经济联盟最高委员会会议上，摩尔多瓦取得了欧亚经济联盟观察员国地位。① 2018年5月14日，欧亚经济联盟最高理事会接纳摩尔多瓦为联盟观察员国，摩尔多瓦成为该组织第一个观察员国。

2019年，摩尔多瓦政权内部依然矛盾重重，亲欧派和亲俄派的斗争使国家不时陷入政治危机。2019年11月15日，在摩尔多瓦举行的第二轮总统选举中，行动和团结党候选人玛雅·桑杜获得57.75%的选票，在大选中胜出。桑杜作为一名亲西方政治家，依赖于西方国家的一些政治力量。根据其竞选纲领，她为摩尔多瓦选择的是欧洲发展路线。桑杜不仅在经济问题上，而且在德涅斯特河沿岸问题的调解上都采取了与前总统伊戈尔·多东不同的政策。但她也承诺将按照摩尔多瓦的国家利益与包括俄罗斯在内的所有战略伙伴国发展关系。她的当选使俄摩关系进一步复杂化。

是否加入欧盟和北约一直是独立以来的摩尔多瓦需要面对的问题。在对待欧盟的态度上，摩尔多瓦总统玛雅·桑杜在对外政策问题上秉持与欧洲一体化的方针。在加入北约的问题上，根据摩尔多瓦宪法，该国具有中立地位，但自1994年以来，该国一直在独立合作伙伴行动计划框架内与北约合作。2017年12月，北约联络处在基希讷乌开设。

俄方多次对摩尔多瓦积极与欧盟在军事和军事技术领域开展紧密合作表示担忧。俄罗斯认为，虽然保障自身安全是每个国家的内部事务，但欧盟划拨几乎等同于摩尔多瓦年度军事预算的资金，用来支持向其提供的包括移动平台和无人机在内的非致命军事武器，这令俄方严重质疑其背后的真实目的，特别是在欧盟对俄公然实施敌对路线的背景下。② 2021年12月26日，俄罗斯总统新闻秘书德米特里·佩斯科夫在"俄罗斯1"电视

---

① 观察员的地位使得观察员国的代表能够出席联盟各机构的会议，接受联盟机构的非机密性文件。但是，这种地位并没有参与联盟决策的权利。与此同时，获得联盟观察员地位的国家有义务不采取任何可能损害联盟及其成员国利益的行动，不违背"联盟条约"的目的和宗旨。

② 《俄外交部：欧盟向摩尔多瓦提供无人机的计划令俄方质疑》，俄罗斯卫星通讯社，2022年9月6日，https://sputniknews.cn/20220906/1043726320.html。

台接受采访时称,北约向乌克兰、格鲁吉亚和摩尔多瓦的扩张对俄罗斯来说是生死攸关的问题。这表明了俄罗斯一以贯之的立场,即俄罗斯不允许后苏联空间国家加入北约。

2022年3月,摩尔多瓦总统玛雅·桑杜签署了摩尔多瓦加入欧盟申请书,指出必须加快欧洲一体化进程。从2022年2月俄乌冲突之始,摩尔多瓦信息和安全局就封锁了俄罗斯卫星通讯社摩尔多瓦网站,并从3月7日起封锁了卫星广播电台。摩尔多瓦还暂停了反对派和一些主要俄语电视频道的许可证。莫斯科认为,基希讷乌的决定是一种政治审查行为。

2023年7月7日,摩尔多瓦议会在一读中投票废除《独联体议会间大会公约》,废除《独联体议会间大会公约》的草案得到了55名代表的支持。俄罗斯总统新闻秘书佩斯科夫表示,在现任政府的领导下,摩尔多瓦试图成为对俄罗斯不友好的国家。

摩尔多瓦是后苏联空间受美西方影响较深的国家。正因为如此,该国的对外政策表现出一定的摇摆性。摩尔多瓦也是俄罗斯重要利益区的组成部分,俄高度关注摩尔多瓦的事态发展及外交表态,力求其成为后苏联空间可控的国家。

第六章
"一带一路"倡议在独联体地区的对接合作

独联体地区，又称后苏联空间，目前也被广泛称为欧亚地区。该地区国家与中国提出的"一带一路"国际合作倡议密切相关。"一带一路"倡议提出以来，欧亚地区国家积极支持"一带一路"建设，产生了一大批富有示范意义的项目和成果。中国和欧亚国家在国家层面、地区层面都有深入的联系与合作。

第一节 "一带一路"框架下的中俄合作

中俄在"一带一路"框架下的合作，有坚实的政治互信、友好的关系作为基础。中俄在"一带一路"倡议框架内的战略对接合作不仅促进了中俄两国务实合作的发展，也促进了中国与欧亚地区国家"一带一路"建设领域的合作。

一 中俄友好关系发展历程

中俄两国具有400多年的交往历史。苏联解体以来，中俄关系发展不断迈上新台阶。当前中俄新时代全面战略协作伙伴关系是中俄关系历史发展的结果，是大国关系的典范。

（一）政治方面

中俄两国拥有4300多公里的共同边界，是山水相连的友好邻邦。1949年10月2日，中华人民共和国与苏维埃社会主义共和国联盟建立外交关系。苏联解体后，1991年12月27日，中国外交部与俄罗斯联邦外

独联体

交部在莫斯科签署《会谈纪要》，确认俄联邦继承原苏联与中国的外交关系。从1992年两国"相互视为友好国家"，到1994年宣布建立"建设性伙伴关系"，再到1996年确立"战略协作伙伴关系"，直至2001年7月签署《中华人民共和国和俄罗斯联邦睦邻友好合作条约》，中俄关系连上四个台阶。特别是《中华人民共和国和俄罗斯联邦睦邻友好合作条约》这份基础性政治文件将平等、互信伙伴和战略协作关系固定了下来，确认俄中两国"世代友好，永不为敌"，为中俄双边关系的快速发展奠定了基础。

2008年，中俄两国彻底解决了历史遗留的边界问题，为两国战略协作伙伴关系的深入发展奠定了基础。中俄战略协作伙伴关系是建立在睦邻友好、平等互信、互利合作、共同发展基础上的新型国家关系。双方以"不结盟、不对抗、不针对第三国"为指针，大力加强在政治、经济、人文、科技、军事等领域的合作。2012年6月俄罗斯总统普京访华期间，双方发表了《关于进一步深化平等信任的中俄全面战略协作伙伴关系的联合声明》。2019年6月5日，两国元首共同签署《中华人民共和国和俄罗斯联邦关于发展新时代全面战略协作伙伴关系的联合声明》。① 中俄将以政治合作、安全合作、务实合作、人文交流、国际协作为重点领域，不断提升和深化全面战略协作，开启中俄关系更高水平、更大发展的新时代。

2020年以来，世界百年变局和世纪疫情相互交织影响，世界进入动荡变革时期。中俄关系经受住了各种风浪考验，展示出新的生机活力。在习近平主席和普京总统的共同引领下，中俄新时代全面战略协作伙伴关系取得显著成果。双方守望相助，共抗疫情，推动经贸、科技创新等领域务实合作逆势前行。双方在涉及彼此核心利益问题上相互坚定支持，共同捍卫国际公平正义。2021年6月在《中俄睦邻友好合作条约》签署20周年

---

① 《中俄元首签署〈中华人民共和国和俄罗斯联邦关于发展新时代全面战略协作伙伴关系的联合声明〉》，新华网，2019年6月6日，http：//www.xinhuanet.com//world/2019-06/06/c_1124588505.htm。

之际，两国元首决定将条约延期并赋予其新的时代内涵。2021年，中俄战略协作关系不断深化。两国元首重申双方坚决捍卫以联合国为核心的国际体系和以国际法为基础的国际秩序，反对单边主义、强权政治和挑动意识形态纷争，主张维护国际公平正义和推动国际关系民主化。

（二）经济方面

中俄政治关系的良好发展推动了两国经济的发展。同时，"经贸合作是中俄战略协作伙伴关系的重要基石，是支撑中俄关系向前发展的动力"。①

据中国海关总署统计，2016年，中俄贸易额达到695.2亿美元，比上年增长2.2%。2017年，这一数字达到840.7亿美元，同比增长20.9%。② 在能源产品贸易额增加的同时，其他商品，特别是种类繁多的农产品在双边贸易中发挥着越来越重要的作用。2018年，中俄贸易额首次突破1000亿美元大关，创历史新高。这一成绩的取得主要得益于双边贸易结构的优化。2019年，两国双边贸易额1110亿美元。2020年，中俄贸易额1077.6亿美元。2020年，中国对俄出口505.8亿美元，同比增长1.7%；自俄进口571.8亿美元，同比下降6.6%。③ 在疫情导致全球贸易低迷的背景下，中俄还能取得这一成绩，凸显了两国经贸合作的巨大活力。"2021年，中俄双边贸易额扭转2020年下滑2.9%的局面，超过疫前水平。中俄贸易额近1470亿美元，创历史新高。其中，中国对俄出口675亿美元，同比增长34%；自俄进口793亿美元，同比增长37.5%，贸易逆差118亿美元。"④ 2022年，中俄双边贸易额达到创纪录的1902.71

---

① 《李克强在莫斯科总理官邸同俄罗斯总理普京会谈》，中国政府网，2012年4月28日，http://www.gov.cn/ldhd/2012-04/28/content_2125339.htm。
② 《中俄贸易额首次突破1000亿美元大关》，中华人民共和国商务部，2019年1月11日，http://kz.mofcom.gov.cn/article/jmxw/201901/20190102825933.shtml。
③ 《2020年中俄贸易额下降2.9%》，中华人民共和国商务部，2021年1月15日，http://ru.mofcom.gov.cn/article/jmxw/202102/20210203035817.shtml。
④ 《2021年中俄贸易额创历史新高》，中华人民共和国商务部，2022年1月19日，http://ru.mofcom.gov.cn/article/jmxw/202201/20220103237965.shtml。

亿美元，同比增长 29.3%，中国连续 13 年稳居俄罗斯第一大贸易伙伴国。① 海关总署发布的统计数据显示，2023 年 1 月至 11 月，中俄两国贸易总额达 2181.76 亿美元，历史首次突破 2000 亿美元。②

近年来，中俄实施了上千个科创领域合作项目。两国一系列战略性大项目顺利推进。能源合作持续深化，覆盖油、气、煤、电、核及上中下游全产业链，俄方对华能源供应大幅增加。双方积极开展抗疫及疫苗研发和生产合作，共同反对将疫情政治化。中俄合作更加务实、更接地气、更惠民生，合作成果已经"飞入寻常百姓家"。更多中国民众用上了俄罗斯天然气，餐桌上出现来自俄罗斯的禽肉和牛肉产品。华为、小米等中国品牌智能手机成为俄罗斯半数消费者的选择。

（三）人文方面

中俄人文交流与合作得益于两国良好的双边关系，中俄政治、经济关系的顺利发展是建构两国良好人文环境和关系的基础。回顾中俄人文交流与合作的 30 年发展历程，可以清晰地看到中俄在文化、教育、旅游、媒体、电影、体育、医疗、青年、档案各个方面的交流与合作都有所发展和进步。

语言机构是中俄交流与合作实现的重要载体，目前这种方式已逐步形成常态化机制。这表现为，中国在俄罗斯开办孔子学院，俄罗斯在中国开办俄罗斯文化中心。截至 2019 年，中国在俄罗斯共设有 19 所孔子学院、5 个孔子课堂。俄罗斯在中国设立的俄罗斯文化中心共计 35 个。③ 开设和学习俄语和汉语的学校和学生数量均有所增长。相关统计数据显示，目前中国开设俄语专业的高校有 153 所，开设公共俄语教学的高校约 150 所。在中小学阶段，已有 83 所中学开设俄语课程，6 所小学开设俄语课程。俄罗斯共有 230 所学校开设汉语课程，学习汉语的学生约达 2.6 万人，其中有 80 余所中小学校开设汉语课程，学生人数约为 1.2 万人。自 2019 年

---

① 《中俄经贸合作稳步推进》，《人民日报》2023 年 3 月 19 日。
② 《海关总署：俄中贸易额历史首次突破 2000 亿美元》，《环球时报》2023 年 12 月 7 日。
③ 姜晓燕：《中俄教育合作现状与愿景》，《光明日报》2019 年 6 月 13 日。

第六章 "一带一路"倡议在独联体地区的对接合作

以来，汉语进入了俄罗斯中等普通教育结业性考核体系，并作为第五外语进入国家统一考试。①

中俄文化交流的一项重要实践活动是定期互办"国家年"。这是中俄元首为确保中俄两国关系长期稳定发展而作出的重大战略决策，也是中俄关系史上的创举。自2006年起，中俄互办了"国家年""语言年""旅游年""青年友好交流年""中俄媒体交流年""地方合作交流年""科技创新年"。

同时，中俄在高校的教育交流与合作也是两国合作的重点。双方互相培养留学生、合作办学和建立高校联盟。目前，有150所俄罗斯高校与约600所中国高校建立了伙伴关系，签署了950项合作协议，仅莫斯科一地的高校就与200多所中国高校建立了伙伴关系，合作专业涉及音乐教育、美术教育、化学工艺、计算机专业、土地资源管理、金融学、工商管理、农林经济管理等。② 截至2021年11月，教育部审批和复核的中俄合作办学机构13个，合作办学项目70多个。③

国家之间的关系不仅需要通过政治对话建立互尊互信、通过经济合作实现互利共赢，而且需要通过人文交流带来互学互鉴。④ 如今，作为当代中国对外关系的新亮点和重要的开拓方向，人文交流与政治互信、经济合作一起构成当代中国对俄关系的三大支柱，人文交流与合作越来越受到两国政府与人民的重视。

总之，中俄关系体现出高度战略互信，树立了在互不干涉内政、相互尊重彼此利益基础上实现互利共赢的榜样，堪称21世纪国际关系的典范。双方在涉及彼此核心利益问题上坚定相互支持，捍卫了各自国家尊严和两国共同利益。经济和科技合作在政治引领下继续发展，双边贸易额持续增

---

① 姜晓燕：《中俄教育合作现状与愿景》，《光明日报》2019年6月13日。
② 姜晓燕：《中俄教育合作现状与愿景》，《光明日报》2019年6月13日。
③ 中华人民共和国教育部中外合作办学监管信息平台，http://www.crs.jsj.edu.cn/index/sort/1006。
④ 刘永涛：《人文交流：概念、视野和运行机制》，载邢丽菊、张骥主编《中外人文交流与新型国际关系构建》，世界知识出版社，2019，第43页。

独联体

长。人文交流与合作也不断迈上新的台阶。"世代友好、合作共赢"理念得到发扬光大,更加深入人心。

二 中俄在"一带一路"框架下发展战略对接合作

2013年9月"一带一路"倡议提出以来,得到世界尤其欧亚地区国家的普遍关注。"一带一路"建设逐渐成为欧亚地区国家共同的事业。俄罗斯作为横跨欧亚大陆的大国,一方面,其独特的地缘位置在"一带一路"沿线区域发挥重要的交通联通作用;另一方面,独联体地区是"一带一路"建设所涵盖的重要部分,俄罗斯作为独联体地区的核心国家,对该地区具有重要影响。"一带一路"倡议提出以来,在中俄关系良好发展的大背景下,在中俄双方共同努力和相互支持下,发展战略对接合作取得积极成果。在两国能源、基础设施、航空航天、金融等传统领域大项目扎实推进的同时,双边合作在农业、跨境电商和高新技术产品等领域出现新亮点,两国不断拓展经贸合作空间,优化经贸合作结构,促进双边贸易协调可持续发展。因此,俄罗斯是"一带一路"倡议的积极支持者、重要参与者和关键合作伙伴。

2014年2月索契冬奥会期间,俄总统普京在与习近平主席会谈后公开表示,俄方积极响应中方"丝绸之路经济带"和"21世纪海上丝绸之路"倡议,愿将俄方跨欧亚铁路与"一带一路"对接,创造出更大效益。2014年5月,普京在上海与习近平主席会晤时又表示,俄方支持建设"丝绸之路经济带",促进交通互联互通,中方参与俄远东地区开发。两国元首共同签署《中俄关于全面战略协作伙伴关系新阶段的联合声明》,再次声明欧亚一体化与"一带一路"倡议对接的意义:"欧亚一体化合作进程对保障地区经济发展、加强地区安全稳定、促进地区建立共同无分界线的经济和人文空间发挥着重要作用。"① 该声明明确了中俄的合作领域,

---

① 参见《中俄关于全面战略协作伙伴关系新阶段的联合声明》,中华人民共和国外交部,2014年5月20日,https://www.mfa.gov.cn/web/ziliao_674904/1179_674909/201405/t20140520_7947503.shtml。

为两国的务实合作指明了方向。

能源合作一直是两国务实合作中分量最重、成果最多、范围最广的领域。其中，核能是能源战略性优先合作方向，一系列重大项目相继建成投产。2018年6月，中俄两国元首见证签署了双方核能领域一揽子合作协议，江苏省连云港市田湾核电站7号、8号机组和辽宁省葫芦岛市徐大堡核电站3号、4号机组是其中的重要项目。2021年，在新冠疫情全球蔓延和世界经济下滑的严峻挑战下，中俄在能源方面的合作依然展现出强大韧性和生命力。2021年5月19日，田湾核电站7号、8号机组和徐大堡核电站3号、4号机组开工，这是中俄核能合作又一重大标志性成果。

近年来，中俄能源贸易也大幅增长，重大合作项目稳步推进。中国是全球主要能源消费国和进口国，石油作为核心的动力能源、天然气作为替代煤炭的首选清洁能源，未来在中国能源消费中仍将占据相当大的比重。目前，中俄双方积极推进重大战略性项目合作，开展中小项目合作，务实推动能源技术装备、创新研发、可再生能源、氢能、储能等领域合作。

随着中俄全面战略协作伙伴关系步入新时代，两国在科技创新领域合作取得丰硕成果。双方在航空、航天、原子能、高能物理、人工智能等领域联合研发，共同受益，共享产品和市场，为两国科技进步和经济发展提供不竭动力。

同时，中国制造更加注重提升产品质量、加强技术创新和培育自主品牌。中国产品在国际上的综合竞争力和市场占有率都在不断提升。在华为、小米等大家熟知的通信终端品牌继续为俄通信现代化服务的同时，VIVO、OPPO、魅族等智能手机品牌，联想、神舟、清华同方等电脑品牌，康佳、创维、长虹等电视品牌和海尔、美的、TCL等冰箱品牌也得到俄消费者更多青睐。

中国机电产品也具有强大的市场潜力。哈弗、吉利、比亚迪等品牌汽车在新能源、环保领域大放异彩。此外，更多高质量的服装、箱包、鞋帽等轻工产品，中医药产品，中餐食品饮品也陆续出现在俄民众的日常生活中。

独联体

中俄在"一带一路"倡议框架内的战略对接合作不仅促进了中俄两国务实合作的发展,也促进了中国与欧亚地区国家"一带一路"建设领域的合作。

三 "一带一路"倡议与欧亚经济联盟的对接合作

俄罗斯在欧亚经济联盟中的经济总量占比80%以上,拥有绝对的主导地位。俄罗斯的支持是"一带一路"倡议与欧亚经济联盟对接的重要保障。2015年4月14日,俄罗斯政府宣布以创始会员国身份加入亚洲基础设施投资银行。

2015年5月,中俄发布《中华人民共和国与俄罗斯联邦关于丝绸之路经济带建设和欧亚经济联盟建设对接合作的联合声明》,其中对接合作的优先领域有:扩大投资贸易合作,优化贸易结构;促进相互投资便利化和产能合作,实施大型投资合作项目,共同打造产业园区和跨境经济合作区;在物流、交通基础设施、多式联运等领域加强互联互通,实施基础设施共同开发项目;在条件成熟的领域建立贸易便利化机制,在有共同利益的领域制订共同措施,协调并兼容相关管理规定和标准、经贸等领域政策;为在区域经济发展方面能够发挥重要作用的中小企业发展创造良好环境;促进扩大贸易、直接投资和贷款领域的本币结算,实现货币互换,深化在出口信贷、保险、项目和贸易融资、银行卡领域的合作;通过丝路基金、亚洲基础设施投资银行、上海合作组织银联体等金融机构,加强金融合作;推动区域和全球多边合作,以实现和谐发展,扩大国际贸易。[1] 中俄双方表示愿意密切合作,共同推进"一带一路"建设。

在中俄两国领导人签署"丝绸之路经济带"和欧亚经济联盟[2]("一

---

[1] 参见《中华人民共和国与俄罗斯联邦关于丝绸之路经济带建设和欧亚经济联盟建设对接合作的联合声明(全文)》,新华网,2015年5月9日,http://www.xinhuanet.com/world/2015-05/09/c_127780866.htm。

[2] 欧亚经济联盟于2015年1月正式成立,现有俄罗斯、哈萨克斯坦、白俄罗斯、吉尔吉斯斯坦、亚美尼亚五个成员国。2017年4月,摩尔多瓦获得联盟观察员国地位。2020年12月,乌兹别克斯坦成为联盟观察员国。这些国家均是欧亚地区"一带一路"建设重要合作伙伴。

136

带一盟")对接合作声明后,双方合作倡议协调的领域和空间得到了极大扩展。

2018年5月17日,中俄又共同签署了《中华人民共和国与欧亚经济联盟经贸合作协定》。双方同意通过加强合作、信息交换、经验交流等方式,进一步简化通关手续,降低货物贸易成本。俄罗斯这一系列决策以及与中国的互动,既有审时度势的战略考虑,也有经济重心转移到东部的经济发展需要,同时也印证了中俄双方在战略对接、加强合作方面的内在需求。①

2018年5月,中国与欧亚经济委员会执委会及欧亚经济联盟各成员国共同签署《中国与欧亚经济联盟经贸合作协定》,涵盖海关合作和贸易便利化、知识产权、部门合作以及政府采购等13个章节。双方同意进一步简化通关手续,降低货物贸易成本,为经贸合作提供制度性保障。这标志着合作从项目带动进入制度引领的新阶段,对于推动"一带一路"与欧亚经济联盟对接合作具有里程碑式的意义。

第二节 "一带一路"建设与白俄罗斯

白俄罗斯是连接欧亚大陆的重要枢纽,也是"一带一路"在欧亚地区的重要节点国家。20世纪90年代初,白俄罗斯成为一个新独立的国家。中国是最早承认白俄罗斯独立的国家之一。1992年1月20日,中白两国正式建交。一直以来,白俄罗斯重视对华关系,支持中国在台湾、涉藏、涉疆、"法轮功"等问题上的原则立场。②近年来,两国关系发展顺利,高层交往频繁。2013年7月,两国建立了"全面战略伙伴关系";2016年9月,建立了"相互信任、合作共赢的全面战略伙伴关系";2022年9月,建立了"全天候全面战略伙伴关系"。

---

① 史春阳:《俄罗斯,"一带一路"最"畅通"国家》,中国社会科学网,2019年5月17日,http://www.cssn.cn/gjgxx/gj_els/201905/t20190517_4897158.html。
② 《中国同白俄罗斯的关系》,中华人民共和国外交部,https://www.mfa.gov.cn/web/gjhdq_676201/gj_676203/oz_678770/1206_678892/sbgx_678896/。

独联体

一 中白友好关系发展历程

自从1992年建立外交关系以来，中国和白俄罗斯两国关系发展顺畅，并逐步深化。双方在政治、经济、人文等领域都取得了良好的成效。

（一）政治方面

1992年1月20~24日，白俄罗斯部长会议主席科比齐访华，中白双方签署了建交文件和经贸合作协议。这是苏联解体后访问中国的第一个独联体地区国家代表团，显示出白俄罗斯高度重视两国关系的发展。1月20日，中白两国在北京签订了《中华人民共和国和白俄罗斯共和国建交协议》，双方"在相互尊重主权和领土完整、互不侵犯、互不干涉内政、平等互利、和平共处的原则基础上"发展友好合作关系。同时，确立两国经贸关系的文件《中华人民共和国政府和白俄罗斯共和国政府经济贸易合作协定（1992）》也顺利签署。这两个文件的签署标志着中白两国外交关系的建立以及开展合作的法律基础已经形成。1993年1月11日，两国签署了《中华人民共和国和白俄罗斯共和国联合声明》，为两国友好关系的发展指明了方向。

白俄罗斯与中国的关系在1995年发生了积极的变化。1995年1月17日，白俄罗斯共和国总统亚历山大·卢卡申科对中国进行正式访问。这是中白两国在发展友好关系上的一个重要里程碑。两国在北京签署了《中华人民共和国和白俄罗斯共和国关于进一步发展和加深合作的联合声明》。两国商定重点发展经贸关系，提高商品的相互贸易额；继续保持政治对话，包括最高级会晤；采取必要措施扩大立法、司法和行政权力机构间、社会组织间的交流；发展科技合作，扩大科技信息交流。①

2000年7月27日，两国在明斯克签署了《中华人民共和国和白俄罗斯共和国关于在二十一世纪加强全面合作的联合声明》。双方高度评价两国在政治、经贸、科技、教育、文化等领域合作中所取得的成就，认为扩

---

① 参见《中华人民共和国和白俄罗斯共和国关于进一步发展和加深合作的联合声明》，法律图书馆官网，http://www.law-lib.com/law/law_view.asp? id=77654。

大和深化中华人民共和国和白俄罗斯共和国之间的全面友好合作关系符合两国人民的根本利益,决心共同努力使双边关系在新世纪达到更高的水平。①

2001年7月18~19日,中华人民共和国主席江泽民对白俄罗斯共和国进行了国事访问。两国在明斯克发表了联合新闻公报。这是中国国家元首首次访问白俄罗斯,为新世纪双边关系长期、稳定发展注入了新的活力。② 2005年12月5日,两国签订的《中华人民共和国和白俄罗斯共和国联合声明》宣布中白关系进入全面发展和战略合作的新阶段。③ 自此,中白保持高水平的双边关系,政治互信不断加深,经贸、科技、军事、文化、教育等领域合作成果丰硕,在联合国和其他多边组织内保持密切协调配合,显现出合作的广阔前景和巨大潜力。④

2013年7月15~17日,白俄罗斯共和国总统亚·卢卡申科对中华人民共和国进行国事访问。17日,中白两国在北京签署了《中华人民共和国和白俄罗斯共和国关于建立全面战略伙伴关系的联合声明》,建立了"全面战略伙伴关系",开创了两国关系发展的新时代。2015年5月,习近平主席对白俄罗斯进行国事访问。5月10日,中白两国在明斯克发表《中华人民共和国和白俄罗斯共和国关于进一步发展和深化全面战略伙伴关系的联合声明》。同时,双方签订《中华人民共和国和白俄罗斯共和国友好合作条约》,为两国关系进一步发展奠定了坚实的法律基础。

2016年9月28~30日,白俄罗斯共和国总统卢卡申科对中华人民共和国进行国事访问。9月30日,中白双方在北京签署了《中华人民共和

---

① 《中华人民共和国和白俄罗斯共和国关于在二十一世纪加强全面合作的联合声明》,中华人民共和国外交部,https://www.mfa.gov.cn/web/zyxw/200011/t20001117_272415.shtml。
② 《中国和白俄罗斯发表联合新闻公报》,中华人民共和国外交部,https://www.mfa.gov.cn/web/zyxw/200107/t20010721_274001.shtml。
③ 《中华人民共和国和白俄罗斯共和国联合声明》,中华人民共和国外交部,https://www.mfa.gov.cn/web/zyxw/200609/t20060905_290816.shtml。
④ 《中华人民共和国和白俄罗斯共和国关于建立全面战略伙伴关系的联合声明(全文)》,中华人民共和国外交部,https://www.mfa.gov.cn/web/zyxw/201307/t20130717_323828.shtml。

独联体

国和白俄罗斯共和国关于建立相互信任、合作共赢的全面战略伙伴关系的联合声明》。双方认为："在双方共同努力下，两国高层交往、政治互信、互利合作均达到前所未有的高水平，中白关系已提升至全面战略伙伴关系新阶段。双方将本着相互信任、合作共赢、世代友好的原则，不断深化政治互信和各领域合作，增进民间往来和人文交流，充实中白全面战略伙伴关系内涵，发展全天候友谊，打造利益共同体和命运共同体。"[①]

从此，两国元首互动频繁。2017年5月，卢卡申科总统来华出席首届"一带一路"国际合作高峰论坛；2018年6月，卢卡申科总统来华出席上海合作组织青岛峰会；2019年4月，卢卡申科总统来华出席第二届"一带一路"国际合作高峰论坛。习近平主席都同其会见。2019年6月，习近平主席同卢卡申科总统在上海合作组织比什凯克峰会期间举行会见。2020年6月、2021年1月和2022年1月，习近平主席同卢卡申科总统通电话。

2022年9月15日，中华人民共和国主席习近平同白俄罗斯共和国总统卢卡申科在乌兹别克斯坦撒马尔罕出席上海合作组织成员国元首理事会第二十二次会议期间举行会晤。两国签署了《中华人民共和国和白俄罗斯共和国关于建立全天候全面战略伙伴关系的联合声明》。两国元首高度评价双方建交30年来各领域合作取得的成就。基于提升双边关系水平、体现中白关系示范作用和进一步推动两国各领域合作的共同意愿，并考虑到当前国际和地区形势的深刻变化，双方一致决定将中白关系提升为全天候全面战略伙伴关系；双方尊重并支持各自选择的发展道路和内外政策，在主权、独立和领土完整等涉及彼此核心利益的问题上相互坚定支持；双方将深化高质量共建"一带一路"合作。[②]

[①] 《中华人民共和国和白俄罗斯共和国关于建立相互信任、合作共赢的全面战略伙伴关系的联合声明》，中华人民共和国外交部，https://www.mfa.gov.cn/web/ziliao_674904/1179_674909/201609/t20160930_9868734.shtml。

[②] 《中华人民共和国和白俄罗斯共和国关于建立全天候全面战略伙伴关系的联合声明》，中华人民共和国外交部，http://newyork.fmprc.gov.cn/zyxw/202209/t20220916_10766853.shtml。

(二) 经济方面

从 1992 年中白建交开始，两国就建立了良好的经贸合作机制。到目前为止，中白两国签署的主要经贸协定包括《中华人民共和国政府和白俄罗斯共和国政府经济贸易合作协定（1992）》《中华人民共和国政府和白俄罗斯共和国政府关于鼓励和相互保护投资协定（1993）》《中华人民共和国政府和白俄罗斯共和国政府关于对所得和财产避免双重征税和防止偷漏税的协定（1995）》《中国商务部和白俄罗斯经济部关于共建"丝绸之路经济带"合作议定书（2014）》。2018 年 5 月，中国同白俄罗斯在内的欧亚经济联盟签署《中华人民共和国与欧亚经济联盟经贸合作协定》，旨在提高贸易便利化水平，为产业发展营造良好环境，促进中国与欧亚经济联盟及其成员国间经贸关系的深入发展。

20 世纪 90 年代初，中白两国建交以来，两国经济往来逐渐加深，贸易互补程度逐渐增强。尤其是近年来，中白经贸关系发展顺利，中国成为白俄罗斯在亚洲最大的贸易伙伴。例如，"2020 年，中白贸易额为 30.03 亿美元，同比增长 10.7%。在这一年，两国贸易再创新高，中国首次成为白俄罗斯第二大贸易伙伴。2021 年，中白贸易额为 38.2 亿美元，同比增长 27.3%"。[1] "2022 年中白双边货物贸易额达创纪录的 50.8 亿美元，同比增长 33%，其中，中国自白进口额增幅高达 65.4%，对白出口额增幅达到 20%。中国稳定地成为白俄罗斯第二大贸易伙伴国，白俄罗斯也成为中国在欧亚地区的重要贸易伙伴和增长最快的贸易伙伴之一。"[2] 目前，中方主要向白方出口机电设备、机械器具、车辆及零件、塑料及制品、有机化学品；主要从白方进口钾肥、牛肉、禽肉、木材、奶粉等。

2022 年 9 月 6 日，白俄罗斯第一副总理斯诺普科夫对白俄罗斯媒体表示，白俄罗斯银行业将加入人民币跨境支付系统。白俄罗斯银行业加入人民币跨境支付系统是中白合作的重要内容，白俄罗斯银行将首先加入该

---

[1] 《中国同白俄罗斯的关系》，中华人民共和国外交部，https://www.mfa.gov.cn/web/gjhdq_676201/gj_676203/oz_678770/1206_678892/sbgx_678896/。

[2] 参见《2022 年中白经贸合作简况》，中华人民共和国商务部，2023 年 8 月 29 日，http://by.mofcom.gov.cn/article/zxhz/hzjj/202308/20230803436518.shtml。

系统，白俄罗斯其他的银行将陆续加入。① 人民币跨境支付系统可以替代SWIFT（环球银行金融电信协会）系统。白俄罗斯银行还将引入银联系统，将于2022年底发行银联卡。

（三）人文方面

目前，中文教学在白俄罗斯保持高水平发展，越来越多白俄罗斯年轻人对中文感兴趣。白俄罗斯国内共有35所学校开设了中文课，其中有11所高校将中文作为一门单独学科，明斯克国立语言大学还专门设有中国语言文化系。中白两国合作在白俄罗斯设立了六所孔子学院，专门为白培养跨文化交流专家。中文教学为中白两国各领域合作提供了战略人才储备。2022年，在白俄罗斯留学的中国学生超过7000人。② 在白高等教育机构学习的外国学生中，中国留学生数量保持领先地位。

中白于2014年建立政府间合作委员会，每两年举行一次会议，现下设经贸、科技、安全、教育、文化、海关检验检疫六个分委会和秘书处。这样的双边合作机制，保证了两国在相关领域能够及时有效沟通。双方在联合教育、中文教学等方面开展密切合作，文化、科技等领域的交流也在不断加深。

综上所述，在中白友好关系中，深化与中国的全面战略伙伴关系和互利合作是白俄罗斯亚洲外交政策传统上的关键方向。基于此，两国高层间、各部门间，以及地区间的联系都发展迅速。

二 白俄罗斯大力支持"一带一路"建设

"一带一路"倡议提出后，白俄罗斯积极参与"一带一路"的建设。③ 对白俄罗斯来说，参与"一带一路"项目是"加快经济技术现代

---

① 《白俄罗斯银行业将加入人民币跨境支付系统》，中国一带一路网，2022年9月7日，https：//www.yidaiyilu.gov.cn/xwzx/hwxw/274153.htm。

② 《白俄罗斯教育部长：中文教学在白俄罗斯保持高水平发展》，中国一带一路网，2022年6月8日，https：//www.yidaiyilu.gov.cn/xwzx/hwxw/250491.htm。

③ Беларусь и страны Азии, Австралии и Океании, https：//mfa.gov.by/bilateral/asia_australia/.

化、建立高科技产业、激活和大幅扩大出口、提高利用国家运输和物流潜力效率的一种方式"。卢卡申科总统强调："白俄罗斯完全支持中方提出的'丝绸之路经济带'和'21世纪海上丝绸之路'重要设想，白方愿成为中方'一带一路'倡议的重要支柱。"①

白俄罗斯在实施多向量外交政策时，非常重视中国的政策及其在国际舞台上的定位。② 白俄罗斯学者认为，"一带一路"是中国与亚洲、欧洲和非洲经济一体化的宏伟蓝图，也是推动全球化新模式的重要一步。对白俄罗斯来说，参与"一带一路"项目推动了经济技术现代化，建立了高科技产业，激活并大幅扩大了出口，提高了国家运输和物流效率。③

2018年8月10日，《中华人民共和国政府和白俄罗斯共和国政府关于互免持普通护照人员签证的协定》正式生效。④ 两国公民持有效的普通护照可免办签证入境对方国家并停留不超过30日，每年累计不得超过90日。极大方便了两国公民在对方国家居留、学习、工作、从事媒体报道等活动。⑤ 这些举措为"一带一路"倡议框架下的务实合作提供了便利条件。

2020年，白俄罗斯总统卢卡申科表示愿与中国继续扩大"一带一路"合作，并推动"一带一路"项目与欧亚经济联盟对接。

三 中白工业园：中白对接合作的成功范例

中白工业园，全称"中国-白俄罗斯巨石工业园"，总占地面积120

---

① 《开创中白全面战略伙伴关系新时代》，新华网，2015年5月11日，http://news.xinhuanet.com/mrdx/2015-05/11/c_134227608.Htm.

② Тихомиров А. В. Китай как приоритет внешней политики Республики Беларусь (1992 – 2019 гг.), С. 71 – 89, Актуальные проблемы международных отношений и глобального развития：сб. науч. ст. Минск, 2019. Вып. 7.

③ Стратегическое партнерство Белоруси и Китая：этапы двустороннего сотрудничества, https://7universum.com/ru/social/archive/item/12459.

④ 《中国和白俄罗斯互免持普通护照人员签证将生效》，中国新闻网，2018年7月26日，https://www.chinanews.com.cn/hr/2018/07-26/8580096.shtml.

⑤ 《白俄罗斯对中国公民有条件免签》，新华网，2017年2月14日，http://www.xinhuanet.com/world/2017-02/14/c_129478543.htm.

独联体

多平方公里，是中白合作共建"丝绸之路经济带"的标志性工程。

园区选址于明斯克州斯莫列维奇区，距离白俄罗斯首都明斯克市25公里，毗邻国际机场、铁路、柏林—莫斯科的公路干线。园区主要产业定位是以机械制造、电子信息、精细化工、生物医药、新材料、仓储物流为主的高新技术产业园区。园区内有生产和居住区、办公和商贸娱乐综合体、金融和科研中心。中白工业园致力于建设生态、宜居、兴业、活力、创新五位一体的国际新城，被誉为"'丝绸之路经济带'上的明珠"。自2015年下半年开始实质性开发以来，工业园开发建设快速推进，吸引了来自中国、白俄罗斯、俄罗斯、美国、德国、奥地利、立陶宛和以色列等国的企业入驻，逐渐发展成为国际合作平台。

2010年，中白两国领导人共同确立建设中白工业园。这是中白两国政府间最大的投资合作项目，也是目前中国在海外开发面积最大的经贸合作区。国机集团所属中工国际工程股份有限公司（以下简称"中工国际"）进入白俄罗斯市场较早、对当地情况相对熟悉，承担起了中白两国合作的新任务。2010年10月，中工国际与白俄罗斯经济部正式签署了《关于在白俄罗斯共和国境内建立中国-白俄罗斯工业园区的合作协议》。2011年9月，两国签署了《中华人民共和国与白俄罗斯共和国关于中白工业园区的协定》，标志着中白工业园正式开始规划建设。2012年8月，中工国际与白方股东在白俄罗斯明斯克发起设立了中白工业园区开发股份有限公司（简称"园区开发公司"），作为园区开发运营的主体。园区开发公司注册资本总额1.5亿美元，其中，中方占股68%，外方占股32%。中方的国机集团占股32%（为第一大股东），招商局集团占股20%，中工国际占股13.71%，哈尔滨投资集团占股2.29%。[①]

2013年6月4日，中白工业园总体规划通过白俄罗斯政府审批（447号内阁令）。2015年5月10日，习近平主席在明斯克同卢卡申科总统举

[①] 《中白工业园成为白俄罗斯境内首个区域经济特区》，国务院国有资产监督管理委员会，2019年3月1日，http://www.sasac.gov.cn/n2588025/n2588119/c10597614/content.html。

行会谈。两国元首希望两国高水平的政治关系转化为更多务实合作成果，共建"丝绸之路经济带"，共同开创中白全面战略伙伴关系新时代。中白工业园建设作为合作重点，将被打造成"丝绸之路经济带"上的明珠和双方互利合作的典范。①

2017年5月26日，白俄罗斯共和国2017年5月12日第166号总统令正式生效，该总统令旨在完善"巨石"工业园专门法律制度，提高项目的投资吸引力，包括最大限度创造舒适的行政环境、优化税收政策及其他优惠政策。在这一年，该园区初具规模，吸引了中国石油、中兴、华为等为代表的国内企业入驻。2018年末，中白工业园开工建设成套住宅楼，用于改善入园企业员工的居住生活条件。随后，云智科技（白俄罗斯）有限公司和中白航天高新技术产业研发中心有限公司正式入驻中白工业园。②

2019年2月，根据白俄罗斯共和国第490号"关于海关监管"总统令，中白工业园被批准为白俄罗斯境内首个区域经济特区。③ 总统令确定了中白工业园的区域性经济特区地位，该地位使园区居民企业和园区管理主体在物流运输及生产活动方面，作为享受关税优惠的对象，得以最大程度享受欧亚经济联盟（俄罗斯、白俄罗斯、哈萨克斯坦、亚美尼亚、吉尔吉斯斯坦五国经济联盟）的相关海关便利政策。④

中白工业园借鉴中国苏州工业园的管理体制，实行三级管理架构，即中白工业园两国政府间协调委员会、园区管委会与开发公司三级管理。⑤ 中白工业园区作为一个向外国新投资者开放的国际高科技项目发挥

---

① 参见《习近平同白俄罗斯总统卢卡申科举行会谈》，新华网，2015年5月11日，http://www.xinhuanet.com/politics/2015-05/11/c_127784703.htm。
② 《中国两家高科技创新企业入驻中白工业园》，中国政府网，2018年12月22日，http://www.gov.cn/xinwen/2018-12/22/content_5351112.htm?_zbs_baidu_bk。
③ 《中白工业园成为白俄罗斯境内首个区域经济特区》，国务院国有资产监督管理委员会，2019年3月1日，http://www.sasac.gov.cn/n2588025/n2588119/c10597614/content.html。
④ 《中白工业园成为白俄罗斯境内首个区域经济特区》，国务院国有资产监督管理委员会，2019年3月1日，http://www.sasac.gov.cn/n2588025/n2588119/c10597614/content.html。
⑤ 王超、叶天乐：《"一带一路"背景下的中白工业园研究》，《俄罗斯学刊》2019年第6期。

独联体

着特殊作用。截至 2022 年 1 月，共有来自 15 个国家的 85 个常驻机构在工业园区登记。① 2022 年 5 月 11 日，中国 AF 综合物流有限责任公司注册成为中白工业园第 90 家居民企业。中白工业园 90 家入园企业中，现有中资企业 46 家、白资企业 27 家及第三国资本企业 17 家，协议投资总额 12.61 亿美元。②

2022 年 9 月，中白两国领导人会晤时签署发表声明，双方将共同努力把中白工业园建设为国际化合作项目和明斯克市卫星城；招商引资和推动中医药传承创新将进一步推动工业园发展；中方继续支持本国大型生产企业和高科技企业入驻工业园，积极推进多式联运铁路站合作项目建设。③ 中白双方商定在高新技术、数字经济、数字贸易、人工智能、大数据、电子政务和区块链技术等领域加强合作。④

总之，白俄罗斯是"一带一路"建设中连接亚欧的重要节点国家，也是"一带一路"倡议的拥护者与重要参与者。中白工业园是"一带一路"框架下中白两国元首推动建设园区的成功案例。这也是两国关系顺畅发展，政治互信程度达到了较高水平的重要体现。

第三节　中国与中亚："一带一路"建设中的合作典范

30 年来，中国与中亚⑤关系实现跨越式发展，达到战略伙伴关系水

---

① Беларусь и страны Азии, Австралии и Океании, https：//mfa.gov.by/bilateral/asia_australia/.
② 《中白工业园迎来第 90 家入园企业》，中国一带一路网，2022 年 5 月 12 日，https：//www.yidaiyilu.gov.cn/xwzx/hwxw/242586.htm。
③ 《中华人民共和国和白俄罗斯共和国关于建立全天候全面战略伙伴关系的联合声明》，中华人民共和国外交部，http：//newyork.fmprc.gov.cn/zyxw/202209/t20220916_10766853.shtml。
④ 参见《中华人民共和国和白俄罗斯共和国关于建立全天候全面战略伙伴关系的联合声明》，中华人民共和国外交部，http：//newyork.fmprc.gov.cn/zyxw/202209/t20220916_10766853.shtml。
⑤ 指获得独立的原苏联五个加盟共和国，即哈萨克斯坦、吉尔吉斯斯坦、乌兹别克斯坦、塔吉克斯坦和土库曼斯坦。

平，不仅促进了各自发展繁荣，也有效维护了地区和平稳定，树立了相互尊重、公平正义、合作共赢的新型国际关系典范。[1]

一 全面发展的中国与中亚友好关系

中国和中亚各国建交以来，各个领域的友好关系都取得了长足的发展。如今，中国同中亚五国关系进入了新的时代。

（一）政治方面

中国和中亚国家通过和平谈判彻底解决历史遗留的边界问题，将中国同中亚邻国3300多公里的共同边界打造成了友好与合作的边界，为国家间和平解决领土问题树立了榜样；保持了定期高层交往，充分发挥其重要作用，加强了对双方关系发展的顶层设计和统筹规划；扩大了各层级双多边对话交流，充分发挥政府间合作委员会、"中国+中亚五国"外长会晤机制和其他合作机制作用；坚定支持彼此国家利益，支持各自选择的发展道路、治理模式以及提出的倡议。

（二）经济方面

近年来，中国同中亚五国相互贸易与投资实现快速稳步增长，为六国经济社会发展注入强劲动力。各方积极推进共建"一带一路"倡议同本国发展战略对接，开展高效合作，成功建成中哈原油管道、中国—中亚天然气管道、中吉乌公路、中乌鹏盛工业园、中塔乌公路等一大批互利共赢的合作项目，广泛惠及地区各国人民。

（三）安全方面

中国同中亚五国全面深化合作，保障了地区和平、稳定和安全。各方在打击"三股势力"、反对外部干涉、共同维护本地区和平稳定等方面合作卓有成效，有序践行共同、综合、合作、可持续的全球安全观；各方强烈谴责一切形式的恐怖主义、分裂主义和极端主义，合力有效打击了"三股势力"、毒品走私、跨国有组织犯罪等活动，共同应对了信息安全

---

[1] 《中国同中亚五国领导人关于建交30周年的联合声明（全文）》，中国政府网，2022年1月26日，https://www.gov.cn/xinwen/2022-01-26/content_5670478.htm。

独联体

领域威胁；各方达成共识，维护国家安全和宪法制度意义重大，坚决反对破坏合法政权和策动"颜色革命"；各方决定加强全球生物安全治理，推进国际合作，完善生物安全国际准则。

（四）务实合作方面

中国和中亚五国秉持开放、互利、尊重彼此利益的原则，全方位推进务实合作。各方有意愿深化共建"一带一路"倡议同中亚五国发展战略对接，提升贸易和投资便利化水平，扩大相互投资和贸易规模，深化产能、能源、农业、数字经济等领域合作，确保重点合作项目顺利推进；对标国际标准，构建全方位、复合型、绿色环保、可持续的交通基础设施体系，采取有效举措保障过货通畅，维护产业链供应链稳定畅通，巩固中亚作为欧亚大陆交通枢纽的重要地位；积极推动"中国—中亚"铁路集装箱运输；积极拓展绿色能源、数字金融、人工智能、减贫等领域合作，落实"一带一路"绿色发展伙伴关系倡议；坚持共同但有区别的责任原则，合力应对气候变化，加大生态环境和生物多样性保护力度，践行创新、协调、绿色、开放、共享的新发展理念，携手打造数字丝绸之路和绿色丝绸之路；加强电子商务合作，建立"中国—中亚电子商务合作对话机制"，发展"丝路电商"；加快数字基础设施联通，扩大数字经济、创新和绿色技术领域合作；扩大地方、科学、文化、旅游、媒体、智库、青年、体育等领域交流。

（五）国际协作方面

中国和中亚五国都认为，国际法准则拥有至高地位，强调秉持联合国宪章的宗旨和原则，在联合国框架内开展高水平合作；各方愿共同应对全球和地区挑战，坚决维护世界和平、稳定与发展，坚定捍卫多边主义以及公认的国际法准则，维护国际公平正义，推动国际秩序和全球治理体系朝着公正合理的方向发展；加强在联合国、上海合作组织、亚信、"中国+中亚五国"等多边机制内的对话与合作，就应对全球和地区挑战制定共同立场；坚定维护以世界贸易组织为核心的多边贸易体制，提升发展中国家对国际经贸规则制定的话语权。

双方在阿富汗问题上也有着重要共识：尽快解决阿富汗问题是维护本

地区安全与稳定的重要因素之一,尊重阿富汗独立、主权、领土完整,支持阿富汗人民自主决定国家命运前途。中国和中亚国家有意愿继续帮助阿富汗恢复国内和平稳定、避免人道主义灾难,为推进阿富汗经济重建发挥建设性作用,扩大合作,吸收阿富汗融入区域经济体系。

2022年1月25日,在中国与中亚国家建交30周年之际,双方发表的《中国同中亚五国领导人关于建交30周年的联合声明》宣布:"中国同中亚五国关系进入新时代。"六国决心在兼顾彼此利益的基础上继续合力构建内涵丰富、成果丰硕、友谊持久的战略伙伴关系,打造中国—中亚命运共同体。[①]

2023年5月,在中国古城西安召开了中国中亚元首峰会,标志着以元首峰会为引领的中国中亚合作机制诞生,这是双边关系中具有里程碑意义的事件。

二 中国与中亚在"一带一路"建设中的对接合作

中亚是"一带一路"的首倡之地。2013年9月,中国国家主席习近平访问中亚期间,在哈萨克斯坦提出建立"丝绸之路经济带"的倡议。中亚作为陆上丝绸之路紧邻中国西北的第一站,对顺利推进"一带一路"建设具有特殊意义。

中亚国家是"丝绸之路经济带"向西延伸的前沿。"一带一路"倡议提出伊始,就得到中亚国家的积极响应,中亚五国根据各自的经济发展特点、资源优势、区位优势制定了对接战略。中国与中亚国家在"一带一路"框架下,以战略对接为指引,在能源、基础设施、交通、制造、农业、金融贸易、科技文化等众多领域建立了紧密合作,并取得一系列丰硕成果。

其中,哈萨克斯坦是最早一批明确表示与中国共建"一带一路"的国家之一。哈萨克斯坦"光明之路"新经济政策及《哈萨克斯坦-2030》

[①] 参见《中国同中亚五国领导人关于建交30周年的联合声明(全文)》,中国政府网,2022年1月26日,https://www.gov.cn/xinwen/2022-01/26/content_5670478.htm。

独联体

发展战略与中国"一带一路"倡议对接进展顺利。2016年10月17日，两国政府共同制定的《中华人民共和国政府与哈萨克斯坦共和国政府关于"丝绸之路经济带"建设与"光明之路"新经济政策对接合作规划》发布。从此，中哈两国不断提高基础设施互联互通水平，推动投资贸易发展，加强交通运输、工业、农业、能源、新兴产业、金融、知识产权等领域深度合作，充分发挥双方优势和潜力，不断扩展互利共赢的发展空间，促进共同繁荣。目前，过境哈萨克斯坦的国际运输线路已经达到了11条，其中包括全长2700公里的"双西公路"[①] 等6条跨境公路线路，以及通往波斯湾和东南亚的5条跨境铁路线路。这些线路使哈萨克斯坦成为跨境运输枢纽。特别是中欧班列开通后，哈萨克斯坦成为通往欧洲的过境国，货物运输时间大幅缩短，到达欧洲只需要6至13天。这是哈萨克斯坦对全球经济的重要贡献，展现了哈萨克斯坦在全球运输中的潜力。

目前，乌兹别克斯坦政府将经济工作重点与中乌"一带一路"合作相结合，在巩固两国合作成果的基础上，进一步深入拓展中乌"一带一路"合作领域。双方共建"一带一路"合作成果丰硕，重大项目有序推进。中国—中亚天然气管道4条管线全部过境乌兹别克斯坦。中亚第一长隧道"安格连—帕普"铁路隧道顺利贯通，中国—吉尔吉斯斯坦—乌兹别克斯坦公路、中国—哈萨克斯坦—乌兹别克斯坦铁路运力潜力不断释放，中吉乌铁路项目前期工作取得积极进展，乌兹别克斯坦正从"陆锁国"转变成"陆联国"。双方还积极开展新能源、农业、金融、现代通信等领域合作。例如，山东电力建设第三工程有限公司承建乌兹别克斯坦新能源规划中纳沃伊100兆瓦光伏电站项目，一大批光伏项目设备经"齐鲁"号运送至乌兹别克斯坦。由浙江省温州市金盛贸易有限公司投资建设的乌兹别克斯坦鹏盛工业园为解决当地就业问题贡献了力量。同时，中

[①] 西欧—中国西部国际公路，又称"双西公路"（全称"西欧—俄罗斯—哈萨克斯坦—中国西部"国际公路运输走廊）。它东起中国连云港，西至俄罗斯圣彼得堡，途经中哈俄三国数十座城市，总长8445公里。主要保障中国—哈萨克斯坦、中国—中亚、中国—哈萨克斯坦—俄罗斯—西欧三条走向的公路运输。这条国际大通道建成后，将把中国西部到西欧的广阔地域连为一体，大大降低运输成本。

乌"一带一路"倡议与《"新乌兹别克斯坦"2022—2026年发展战略》的对接合作，有效促进了双边关系的发展。乌兹别克斯坦总统米尔济约耶夫指出，"一带一路"合作有助于乌兹别克斯坦实现减贫目标。

在中亚其他国家，如塔吉克斯坦、吉尔吉斯斯坦和土库曼斯坦，"一带一路"对接工作也在如期展开。"一带一路"倡议与吉尔吉斯斯坦《2018—2040年国家发展战略》对接合作、与塔吉克斯坦《2030年前国家发展战略》对接合作、与土库曼斯坦"复兴丝绸之路"发展战略对接合作，催生出一个个符合双边利益、促进经济和社会发展、有助于改善经济结构、具有新时代特色的合作项目。例如，中国企业江苏迈安德集团承建的塔吉克斯坦棉籽葵花籽油脂精炼项目可为当地提供100多个工作岗位，并且能够促进塔国内消费市场的发展；2021年，中国在塔吉克斯坦萨雷兹湖大坝上正式建成首个基于北斗三号全球卫星导航系统的大坝变形监测系统，这是在世界上海拔最高的堰塞湖首次建成的北斗监测系统，标志着中塔在国际应用项目上的合作取得重要进展；中吉乌公路的开通和中吉乌铁路建设的突破性进展，大大改善了地区基础设施环境，对区域经济产生了深远影响。

总之，经过多年努力，"一带一路"倡议与中亚国家对接合作迎来项目收获期。中国与中亚国家合作建设的一大批项目开始投入使用，为当地带来了规模可观的收益。这些切实的成果也证明，中国与中亚国家共建"一带一路"前景广阔。

第四节 "一带一路"倡议与乌克兰

在建交30多年的历史中，中乌关系从建交伊始的友好国家提升为如今的战略伙伴，中乌务实合作从经贸领域拓展到各个领域，两国人民人文交流源远流长。

一 中乌友好关系的建立与发展

苏联解体后，中国是最早承认乌克兰独立并与其建交的国家之一。中

独联体

国明确承认乌的独立、主权和领土完整，尊重乌克兰人民选择的发展道路；乌方坚定奉行一个中国政策，承认中华人民共和国政府是代表全中国的唯一合法政府，台湾是中国领土不可分割的一部分，反对任何形式的"台独"，支持两岸关系和平发展和中国和平统一大业。[①] 中乌双方认为，联合国在维护国际和平、安全和发展方面发挥着核心作用。

多年来，两国签署了多份文件确立了各项原则，成为两国政治关系的法律基础。这些文件是1992年1月4日的《中华人民共和国和乌克兰建交联合公报》、1992年10月31日的《中华人民共和国和乌克兰联合公报》、1994年9月6日的《中华人民共和国和乌克兰联合声明》、1995年12月4日的《中华人民共和国和乌克兰关于发展和加深友好合作关系的声明》、2001年7月21日的《中华人民共和国和乌克兰关于在21世纪加强全面友好合作关系的联合声明》、2002年11月18日的《中华人民共和国和乌克兰联合声明》、2010年9月2日的《中华人民共和国和乌克兰关于全面提升中乌友好合作关系水平的联合声明》。特别是"2013年12月5日签署的《中华人民共和国和乌克兰友好合作条约》具有重要意义，标志着中乌关系迈上更高发展水平。条约在总结历史经验的基础上，概括了中乌关系的主要原则和成果，将两国和两国人民世代友好的和平思想用法律形式确定下来"。[②] 2013年12月16日，中乌两国签署的《中华人民共和国和乌克兰关于进一步深化战略伙伴关系的联合声明》认为，深化中乌战略伙伴关系面临的重要任务是把两国高水平的政治关系优势转化为各领域合作的实际成果。

多年来，在中乌两国领导人的引领和推动下，两国始终保持相互理解和信任，双边关系健康稳定向前发展。中乌两国实现了双边贸易结构调整

[①] 《中华人民共和国和乌克兰关于进一步深化战略伙伴关系的联合声明》，中华人民共和国外交部，https：//www.mfa.gov.cn/web/ziliao_674904/1179_674909/201312/t20131206_7947460.shtm。

[②] 《中华人民共和国和乌克兰关于进一步深化战略伙伴关系的联合声明》，中华人民共和国外交部，https：//www.mfa.gov.cn/web/ziliao_674904/1179_674909/201312/t20131206_7947460.shtm。

和增长方式转变，扩大了机电产品和高科技产品贸易规模，规范贸易秩序，推动建设现代化物流和贸易平台，加强保护知识产权领域的交流合作，加快实施双边大项目合作，为中乌经贸合作健康、稳定、持续发展创造条件。

新冠疫情期间，中国医疗物资源源不断地驰援乌克兰，中国成为乌克兰最大的疫苗提供国家；中乌两国秉持人民生命至上的原则，及时开展一系列抗疫合作；中乌医疗专家多次进行抗疫经验交流分享，为双方抗疫工作发挥了积极作用。目前，双方共建立了28对友好城市，民间交往日益密切。中国在乌克兰开设了八家孔子学院和孔子课堂，传播中国语言和文化。中乌之间的人文交流也促进了两国友好关系的发展。

二 在"一带一路"倡议下加强中乌务实合作

乌克兰是最早响应中国"一带一路"倡议的国家之一，中乌务实合作是中乌关系发展的动力源泉。建交三十多年来，两国各领域合作持续不断深化，合作形式在不断丰富，合作机制越来越完善，合作水平越来越高。为指导和协调两国合作，成立了副总理级、包括贸易、投资、农业、教育、文化、卫生、科技、航天等领域的两国政府间合作委员会。双方合作从最初以贸易为主向投资、教育、文化、科技、能源、农业、基础设施、联合研发等各领域发展。①

30年来，中乌双边贸易额由建交初期的2.3亿美元跃升至2020年的146.6亿美元，增长了60多倍，中国已成为乌克兰第一大贸易伙伴国。② 2021年6月30日，两国还签署了《中华人民共和国政府和乌克兰政府关于深化基础设施建设领域合作的协定》。根据该协定，中乌双方鼓励两国

---

① 《驻乌克兰大使范先荣在乌主流媒体发表庆祝中乌建交30周年署名文章》，中华人民共和国驻乌克兰大使馆，2022年1月4日，http：//ua.china-embassy.gov.cn/tpxw/202201/t20220104_10478837.htm，最后访问日期：2022年3月5日。

② 《驻乌克兰大使范先荣在乌主流媒体发表庆祝中乌建交30周年署名文章》，中华人民共和国驻乌克兰大使馆，2022年1月4日，http：//ua.china-embassy.gov.cn/tpxw/202201/t20220104_10478837.htm，最后访问日期：2022年3月5日。

独联体

企业和金融机构在道路、桥梁、轨道交通等领域积极开展合作，推动构建两国更加紧密的经济联系，并将为实施合作项目提供必要帮助和支持，为两国深化"一带一路"倡议的务实合作迈出了坚实的一步。

2019年，中乌双边货物贸易额为119.09亿美元，中国首次成为乌克兰最大的贸易伙伴国。新冠疫情发生后，中乌双边贸易继续稳健推进。2020年，乌克兰对华货物贸易总额增至148.80亿美元，同比增长24.95%，2021年增至192.46亿美元，同比增长29.34%。[①]

中乌两国贸易互补性较强，尤其是在农业方面。乌克兰自然禀赋良好，三分之二的土地为肥沃的黑土地，在农产品生产方面具有得天独厚的优势。乌克兰的出口产品也以农产品、黑色金属和原材料为主。2020年，乌克兰对华出口农产品36.8亿美元，同比增长50.8%，占对华出口总额的51.8%。其中，出口玉米629.8万吨，同比增长52.2%；大麦226.3万吨，同比增长159%。[②] 从结构上看，乌克兰对中国的农产品出口以谷物和食用植物油为主。2021年，中国自乌克兰进口谷物1145.0万吨，占中国谷物进口总量的17.5%。其中，进口大麦321.4万吨，进口玉米823.6万吨。同年，中国自乌克兰进口食用植物油98.1万吨，占中国食用植物油进口总量的8.7%。其中，进口葵花籽油和红花油88.7万吨，进口豆油3.8万吨。[③]

中国是乌克兰玉米和葵花籽油最大的进口国，对乌克兰的出口以电子产品、日用品、机械设备、黑色金属制品和化工产品为主。乌克兰作为曾经的苏联加盟共和国，在航空、航天、军工、船舶等工业领域都拥有先进技术，这为中乌两国相关企业带来了互利合作的空间。同时，随着中乌"一带一路"合作不断发展，中乌在加强物流合作等互联互通方面也取得

[①] 徐舒悦、何敏：《俄乌冲突对"一带一路"经贸合作的影响及应对》，《价格月刊》2023年第7期。

[②] 寇佳丽：《中乌签署基础设施合作协定，访北京外国语大学乌克兰研究中心主任、副教授劳华夏》，《经济》2021年第8期。

[③] 徐舒悦、何敏：《俄乌冲突对"一带一路"经贸合作的影响及应对》，《价格月刊》2023年第7期。

重大进展。乌克兰联结欧亚两洲，拥有得天独厚的地缘优势，在物流合作、多式联运方面具有巨大潜力。2020年，中国与乌克兰相继开通了"烟台—基辅""武汉—基辅""南昌—基辅""西安—基辅""合肥—基辅"等常态化运营的中欧班列；2021年8月，中欧班列"渝新欧"首次开行直达乌克兰的班列。2021年，中乌双向班列开通，为两国贸易增加了一个快捷便利的通道。

中乌在"一带一路"倡议框架下有许多合作成果和项目。例如："2016年5月，中粮集团全资子公司中粮农业在乌克兰投资7500万美元建设的DSSC码头正式投产，进一步优化了乌克兰及周边国家从河流到出海口的粮食仓储物流体系，提高了该区域粮食出口量；2017年1月，天津渤海商品交易所股份有限公司完成对乌克兰复兴开发银行的并购和增资，成为乌克兰境内首家中资银行；2021年4月，中国电力建设股份有限公司与乌克兰风场有限公司（Wind Farm LLC）签署了金额为9.99亿美元的'乌克兰尼克尔斯克和曼古斯区800兆瓦风电项目合同'，成为乌克兰这一领域的最大合作协议。"[1] 尽管如此，中乌合作也存在不得不面对的障碍。尤其是2022年乌克兰危机升级以来，乌克兰的投资环境急剧恶化，这是中乌在"一带一路"建设合作中需要面临的现实课题。

第五节 "一带一路"倡议与南高加索

南高加索，又称外高加索，由格鲁吉亚、阿塞拜疆和亚美尼亚三国组成。南高加索地区地处欧亚大陆的十字路口，联通欧亚，交汇诸多文明，是古老"丝绸之路"的重要通道，也是"一带一路"的核心节点，有着重要的区位战略意义。长期以来，南高加索三国都与中国保持良好的关系。特别是"一带一路"倡议提出以来，三国都表示支持，并表现出了极大的合作意愿，成为中国"一带一路"建设的重要合作伙伴。

---

[1] 寇佳丽：《中乌签署基础设施合作协定，访北京外国语大学乌克兰研究中心主任、副教授劳华夏》，《经济》2021年第8期。

独联体

一 "一带一路"推进中格关系

1992年6月9日,中国同格鲁吉亚发布《中华人民共和国和格鲁吉亚共和国建交联合公报》,正式建立外交关系。从那时起,两国在政治、经济、人文各领域开始了交流与合作,而"一带一路"倡议的实施使中格合作水平不断提高,合作内容日益丰富。

(一)格鲁吉亚优越的地理位置,使其在"一带一路"建设中具有重要意义

格鲁吉亚地理位置得天独厚,是连接东西方的走廊,也是欧亚之间相互往来距离最短、最便捷的通道。通过格鲁吉亚可以非常方便地进入大多数欧洲、中亚和中东市场。而且格鲁吉亚与这些地区大部分国家都签订了自由贸易协定(FTA),因此,它已经具备了成为地区金融和商业中心所需的大多数先决条件。[①]

由于地理位置优越,格鲁吉亚成为欧洲能源"生命线"巴库—第比利斯—杰伊汉石油管线、巴库—第比利斯—埃尔祖鲁姆天然气管道的过境国。2014年9月20日,从格鲁吉亚过境的"南部天然气走廊"项目也开工建设。"丝绸之路经济带"的建设使格鲁吉亚的过境国作用更加凸显,有利于其充分发挥国际运输中转站的作用。横贯里海的国际运输路线——"中间走廊"[②]就途经格鲁吉亚。俄乌军事冲突之后,这条路线成为北线的"替代方案"。格鲁吉亚在黑海出海口有重要港口,它将中国和欧洲连接在一起,使货物能够在12天到14天的时间里从中国运输到欧盟,有效缓解俄乌冲突导致的运输难题,促进了中国与欧盟之间的贸易往来。

同时,格鲁吉亚具有良好的投资环境,根据世界银行公布的《2020

[①] 阿尔赤·卡岗第亚:《格鲁吉亚——欧洲和亚洲之间的门户》,《中国投资》2022年7月第13、14期。

[②] 跨里海国际运输走廊(TITR)也叫"中间走廊",它以中国为起点,一路向西延伸,经过哈萨克斯坦,然后横跨里海,穿越阿塞拜疆,直到格鲁吉亚和土耳其,相关货物通过这两个国家的港口,运往其他欧洲国家,甚至运往北美。

年全球营商环境报告》，2019年，格鲁吉亚的营商环境位列全球第七。①近年来，中国与格鲁吉亚关系进入发展的快车道，两国交流与合作不断升温，中国与格鲁吉亚在贸易、投资方面的相互依存度不断提升。

2015年3月，中格两国签订了《关于加强共建丝绸之路经济带合作备忘录》，随着中格政治互信的不断增强，两国在经济、人文等领域的合作逐渐加深，实现了新的跨越发展。

（二）经济合作高质量运行

2015年，格鲁吉亚申请并成为亚洲基础设施投资银行意向创始成员国之一，它也是第一个批准亚洲基础设施投资银行章程的国家。2017年5月，在"一带一路"国际合作高峰论坛期间，格鲁吉亚成为欧亚地区第一个与中国签订自贸协定的国家。2018年，中国与格鲁吉亚签署的自由贸易协定正式生效，这是"一带一路"倡议提出后我国启动并达成的第一个自贸协定。2019年2月，格鲁吉亚与中国香港特别行政区之间的自由贸易协定也开始生效，中格两国务实合作扎实推进。在中国的持续支持下，格鲁吉亚分别在2015年、2017年和2019年举办了三届第比利斯丝绸之路论坛，为高级决策者、企业和社区领导人之间的多边高级别对话建立了一个国际平台，也为"一带一路"倡议的发展作出了贡献。

2021年，虽然新冠疫情肆虐，但两国的贸易额仍达到了15亿美元，同比实现了24%的增长。格鲁吉亚的葡萄酒在中国市场越来越受欢迎，中国也成为格鲁吉亚葡萄酒的第三大市场。2021年，格鲁吉亚向中国出口了700多万瓶葡萄酒。2021~2022年，中国连续两年成为格鲁吉亚产品的第一大出口市场。目前，中国是格鲁吉亚的第三大贸易伙伴。②

2023年，中格两国签署了《中华人民共和国政府和格鲁吉亚政府共建"一带一路"合作规划》等文件。双方商定在共建"一带一路"倡议框架内加强政策协调和发展规划对接，深化各领域交流合作，践行共商共

---

① 《世界银行〈2020年全球营商环境报告〉发布》，丝路网，2019年10月30日，https://www.imsilkroad.com/news/p/388628.html。

② 阿尔赤·卡岗第亚：《格鲁吉亚——欧洲和亚洲之间的门户》，《中国投资》2022年7月第13、14期。

建共享原则，弘扬开放、绿色、廉洁理念，实现"一带一路"合作目标，促进双方可持续发展。①

（三）人文交流丰富多彩

自从中国和格鲁吉亚建立外交关系伊始，两国就逐步展开了人文合作与交流。1993年6月3日，中国与格鲁吉亚签订了《中华人民共和国政府和格鲁吉亚共和国政府文化合作协定》。根据此协定，中格两国在高等、中等、职业技术教育领域以互派教师和专家、互派留学人员及促进学习对方国家的语言和文学等方式开展交流。②从这之后，两国又签署了一系列协议，扩大了两国之间的教育合作。2010年11月26日，中国兰州大学与格鲁吉亚第比利斯自由大学合作共建格鲁吉亚第一所孔子学院，两国的人文交流与合作上了一个新台阶。两国大幅增加了互换奖学金留学人员名额。

在"一带一路"倡议下，2015年9月23日，中格签署了《中国向格鲁吉亚派遣汉语志愿者教师谅解备忘录》，据此，中方将每年向格方派遣16名中文志愿者教师，帮助格大中学校开展中文教学；同年，第比利斯国立大学成立中国语言文化中心，有力地提升了格鲁吉亚中文教学水平，加速中文人才培养。③2015年，中格两国签署"丝绸之路经济带"合作协议后，中格之间的学生流动逐渐增加，学生互换数量突破个位数，该年有17名格鲁吉亚留学生来华留学，2017年格来华留学生数量增至32名；2016年，赴格鲁吉亚留学的中国学生人数为14名，2017年为19名。④2019年2月15日，中格两国签署的《关于促进中文教学的谅解备忘录》指出，两国应加强教育机构的合作，互派专家学者和留学生，共同促进格

---

① 《中华人民共和国与格鲁吉亚关于建立战略伙伴关系的联合声明》，《人民日报》2023年8月1日，第3版。
② 参见汤坤、马洪海《"一带一路"背景下中国与格鲁吉亚中文教育合作交流：举措、成就与未来展望》，《丝绸之路》2023年第2期。
③ 参见汤坤、马洪海《"一带一路"背景下中国与格鲁吉亚中文教育合作交流：举措、成就与未来展望》，《丝绸之路》2023年第2期。
④ 参见刘进、王艺蒙《"一带一路"沿线国家的高等教育现状与发展趋势研究（十七）——以格鲁吉亚为例》，《世界教育信息》2018年第23期。

鲁吉亚中文教学与传播。同年，格鲁吉亚教育部宣布正式将中文纳入其国民教育体系。①

2023年，考虑到新形势下深化双边关系的需要，中格双方在文件中约定，积极开展科技合作；提升两国文化领域合作水平，鼓励两国公民互访，深化旅游、卫生、青年和体育领域合作，加强电影、媒体和公共外交领域交流；探讨互办文化年的可能性，继续就互设文化中心开展磋商并提供必要便利；在科学和高等教育领域加强合作，增进师生交往，促进科学合作和新技术转化，实施联合项目；支持两国高校开展联合培养项目等务实合作；加强语言师资交流和培养培训，支持孔子学院（课堂）建设。②

总之，对接"一带一路"倡议是格鲁吉亚政府的重要政策方向之一，为此，格政府在全国范围内进行了大型基础设施建设，如修建东西公路干线、推进铁路现代化、建设巴库—第比利斯—卡尔斯铁路和阿纳克利亚港等。今后，中格双方将在相互投资和贸易、交通、通信、基础设施现代化建设、"中间走廊"建设与发展、数字技术、制造业、铁路网升级与拓展、农业与食品安全、水资源、环境保护、沙漠化防治、水资源淡化、合格评定等领域加强合作，利用格鲁吉亚交通设施为中国产品畅通出口至西方市场提供便利，密切知识技术及人力资源培训等方面的交流。③

二 "一带一路"助力中阿合作

阿塞拜疆独立以后，中国是最早承认其独立的国家之一，1992年4月2日，中阿两国政府在巴库签署建交公报。"一带一路"倡议提出后，2015年，中阿两国共同签署《中阿关于进一步发展和深化友好合作关系的联合声明》《中阿关于共同推进丝绸之路经济带建设的谅解备忘录》，

---

① 参见汤坤、马洪海《"一带一路"背景下中国与格鲁吉亚中文教育合作交流：举措、成就与未来展望》，《丝绸之路》2023年第2期。
② 参见《中华人民共和国与格鲁吉亚关于建立战略伙伴关系的联合声明》，《人民日报》2023年8月1日，第3版。
③ 参见《中华人民共和国与格鲁吉亚关于建立战略伙伴关系的联合声明》，《人民日报》2023年8月1日，第3版。

独联体

两国秉承互利共赢的原则，促进两国关系不断升级的同时，开始了在"一带一路"框架内的深度合作。

阿塞拜疆地处亚欧大陆的结合处，隔里海与中亚相望，战略位置十分重要。美国学者布热津斯基在他的《大棋局》一书中将其称为"重要的战略支轴国家"。同时，阿塞拜疆还拥有丰富的石油和天然气资源。这些要素凸显了其在"一带一路"倡议中的重要地位。

阿塞拜疆是"一带一路"倡议重要节点国家，也是一条中间交通走廊，它将中国与亚欧大陆腹地连接起来，是地区国家进行贸易往来的重要纽带。2017年10月，作为"跨里海国际运输通道"的重要组成部分巴库—第比利斯—卡尔斯（BTK）铁路开通运营。该铁路总长846公里，最大货物运输量为1700万吨。BTK铁路是欧亚大陆交通运输中的重要部分，它是"把欧洲与亚洲连接在一起的最短的和最可靠的路线"；同时，这条铁路有利于旅游业的发展，促进地区的安全与稳定，并能拉动相互投资，提升地区国家的地缘政治地位，对复兴"丝绸之路"具有重要战略意义。[1]

阿塞拜疆积极响应和支持中国关于共建"丝绸之路经济带"的倡议，希望搭乘中国经济发展的快车，实现经济新跨越。在此契机下，2015年4月，阿塞拜疆成为亚洲基础设施投资银行创始成员国。中阿两国的贸易额迅猛增加，贸易范围也从简单的进出口贸易扩大到能源开发、医疗、农业、金融、信息通信、基础建设等多个领域。

（一）能源领域合作特点鲜明

中国与阿塞拜疆的油气合作始于2002年。当时，两国在油气上游领域的合作规模有限。随着"一带一路"倡议的推进，两国在油气领域的合作不断深化拓展。目前，在上游领域，中方企业根据项目条件和当地政策，只保留了K&K项目，这是中国企业在阿塞拜疆唯一运营的上游项目。在下游领域，中国石油和中国石化与阿塞拜疆炼化行业进行合作。2017年5月，中阿两国企业代表共同签署《阿塞拜疆天然气石化项目的投融

---

[1] 《"巴库—第比利斯—卡尔斯"铁路开通，为"丝绸之路经济带"增添新运输通道》，搜狐网，2017年11月2日，https://www.sohu.com/a/201773551_629144。

资谅解合作备忘录》和《油气加工和石化综合体项目（OGPC）合作谅解备忘录》，后者成为两国有史以来最大的合作项目。这些项目的实施对改善阿塞拜疆能源结构、提升当地经济发展动力具有重要意义，对拓展中国与南高加索地区国家的务实合作也起到良好示范效应。[1] 2018年9月，两国公司联合签署了《关于成立海上油气勘探合资公司的协议》。协议规定合资公司为阿塞拜疆及环里海区域的油气勘探提供采集、处理、装备等一体化服务，并为阿塞拜疆培养更多的地球物理技术专业人才。[2] 这意味着，双方合作已经向全产业链进一步拓展。

（二）大型项目合作顺利推进

"一带一路"倡议实施以来，中国企业在阿塞拜疆成功实施了一系列工程项目，例如中国电工参与330kV输变电工程项目、四川机械电解铝厂项目、中国电气330kV动力传输改造项目、中国建材Qizildas水泥厂项目、沈阳远大公司巴库新月宫项目等。2023年5月末，阿塞拜疆能源部与中国葛洲坝集团海外投资有限公司签署《可再生能源领域开发合作备忘录》。备忘录框架下，中国企业拟在阿开发2000兆瓦可再生能源项目，与阿合作评估光伏、风能和绿氢等可再生能源潜力，并对相关地质、地形、环保等问题展开研究。[3]

（三）双边贸易额不断增长

2022年1~10月，中阿贸易额总计17.5亿美元，同比增长20.8%，占阿对外贸易总额的3.8%。[4] 中国成为阿塞拜疆第五大贸易伙伴国和第三大进口来源地。2022年，阿塞拜疆进口智能手机约67.6万部，总金额1.5亿美元，主要来自：中国（40.8万部，9028万美元）、越南（17.8

---

[1] 参见张燕云、梁萌、孙黎、彭盈盈《中国与阿塞拜疆油气合作前景分析》，《国际石油经济》2019年第8期。
[2] 参见《中石油携手阿塞拜疆国家石油公司进军里海油气勘探》，2018年9月28日，新华网，http://www.xinhuanet.com/world/2018-09/28/c_129962779.htm。
[3] 《阿能源部与中国葛洲坝集团签署可再生能源开发合作备忘录》，中华人民共和国商务部，2023年6月29日，http://az.mofcom.gov.cn/article/jmxw/202306/20230603419253.shtml。
[4] 《2022年1-10月阿中双边贸易同比增长超20%》，中华人民共和国商务部，2022年11月9日，http://az.mofcom.gov.cn/article/jmxw/202211/20221103370718.shtml。

万部，3761万美元）、印度（8.8万部，2471万美元）。①

（四）人文交流不断深入

近年来，在教育领域，中国高校及研究机构与阿塞拜疆高校、教育培训中心、政府部门进行合作，共同开办孔子学院，提供汉语教学和培训，以及提供一些农业项目的科学技术方面的培训。例如，安徽大学与阿塞拜疆巴库国立大学合建了"阿塞拜疆中心"。中阿两国还有一些高校进行了高等教育合作，例如巴库国立大学、阿塞拜疆语言大学、阿塞拜疆国立石油大学与中国石油大学（华东）、兰州石化职业技术学院、克拉玛依职业技术学院、湖州师范学院、陕西能源职业技术学院等。

在医疗卫生领域，新冠疫情期间，中方对阿塞拜疆无偿援助15万剂中国疫苗，阿方自华累计采购中国疫苗1200余万剂，中国疫苗占阿民众接种疫苗数量的95%以上。②

"一带一路"倡议框架下务实合作的深入实施和推进，给阿塞拜疆带来了经济发展的机遇，同时，经济的交往伴随着人文的交流，使两国的理解也在不断加深。在两国政府和人民的努力下，中阿对接合作将迎来美好的前景。

三 "一带一路"倡议与亚美尼亚

亚美尼亚有着悠久的历史和灿烂的文化。中国是最先承认亚美尼亚独立的国家之一，1992年4月6日，两国建立外交关系。建交以来，两国政治互信不断加深，经贸、教育、文化等方面的交流与合作不断扩大。这为"一带一路"倡议与亚美尼亚经济发展战略对接提供了有利的先决条件和基础。

1996年5月5日，两国签订了《关于中华人民共和国和亚美尼亚共和国友好关系基础的联合公报》。2004年9月27日签订的《中华人民共和国和亚美尼亚共和国联合声明》指出，双方将"坚定不移地扩大两国

---

① 《2022年中国成为阿塞拜疆最大智能手机进口来源国》，中华人民共和国商务部，2023年3月23日，http://az.mofcom.gov.cn/article/jmxw/202303/20230303398223.shtml。

② 卡塔娜：《"一带一路"倡议下的中国与阿塞拜疆经贸合作》，《中国外资》2023年2月（下）第4期。

政治、经贸和人文等各领域合作,推动中亚友好合作不断深入发展,造福两国人民"①。两国在涉及彼此核心利益和重大关切问题上相互理解和支持。

2013年中国政府提出"一带一路"倡议后,亚美尼亚政府积极响应和支持,并多次表达积极参与的意愿。2015年,亚美尼亚颁布了《亚美尼亚发展战略:2014—2025》,其中将其战略目标定位为:经济增长,减少贫困,国家安全。这为与中国的"一带一路"倡议对接明确了政策导向。同年,两国签署了《中华人民共和国和亚美尼亚共和国关于进一步发展和深化友好合作关系的联合声明》,强调"共同建设'丝绸之路经济带'的倡议为两国开展全方位合作提供了新的历史机遇。双方将积极落实已签署的相关协议,共同推动'丝绸之路经济带'建设,开辟双方合作新的广阔前景"。②

(一)经贸合作发展顺畅

从2009年起,中国就成为亚美尼亚第二大贸易伙伴。2017年8月3日,亚美尼亚发布了《"经济外交"优先国家名录》,中国在名录中排名第三(仅次于俄罗斯和美国),足以显示亚美尼亚对与中国合作的重视。③ 2017年,中亚双边贸易额达到4.36亿美元,同比增长12.4%。2018年,中亚双边贸易额达5.21亿美元,同比增长19.5%。此后几年,中亚两国双边贸易不断加强。2020年,两国双边贸易额接近10亿美元。2022年,

---

① 《中华人民共和国和亚美尼亚共和国关于进一步发展和深化友好合作关系的联合声明(全文)》,中华人民共和国外交部,2015年3月25日,https://www.mfa.gov.cn/web/gjhdq_676201/gj_676203/yz_676205/1206_677028/1207_677040/201503/t20150325_8003146.shtml。

② 《中华人民共和国和亚美尼亚共和国关于进一步发展和深化友好合作关系的联合声明(全文)》,中华人民共和国外交部,2015年3月25日,https://www.mfa.gov.cn/web/gjhdq_676201/gj_676203/yz_676205/1206_677028/1207_677040/201503/t20150325_8003146.shtml。

③ 吴军:《"一带一路"框架下的中国与亚美尼亚关系》,《欧亚人文研究(中俄文)》2020年第2期。

两国双边贸易额为 14.21 亿美元，同比增长 0.24%。[①] 中国对亚美尼亚主要出口商品包括锅炉、机械器具及零件、电机、电气设备、车辆及其零件；自亚主要进口商品为矿砂、矿渣及矿灰等。[②]

（二）务实合作不断推进

基础设施合作是中国与亚美尼亚"一带一路"倡议框架下务实合作的重要组成部分。在交通领域，2015 年 12 月，中国水电建设集团国际工程公司在亚美尼亚获得南北交通走廊公路第三段"兰吉科—久姆里"工程承包项目。[③] 2016 年 5 月，该公司获得"塔林—兰吉科"工程承包项目。这个被誉为"交通大动脉"的项目开启了两国在基础设施领域合作的新篇章。

在电信领域，中国企业中兴、华为都进驻了亚美尼亚，与该国相关公司展开了合作。在电力领域，2016 年 8 月，中国西电与亚美尼亚国家高压电网公司签署总金额约为 1500 万美元的"亚电力供电可靠性电网升级改造"EPC 工程总承包合同。2016 年，中国电力工程顾问集团华北电力设计院有限公司承建亚美尼亚风电项目；辽宁易发式电气设备有限公司中标两个变电站改造项目，合同额为 1490 万美元。在矿产领域，中国富地石油公司从 Bounty 资源公司购买了 35%的股权，生产铁精粉。[④]

目前，亚美尼亚与伊朗、格鲁吉亚正在努力建设一个国际联运走廊，即连接伊朗和欧洲的"波斯湾—黑海"走廊。走廊在亚美尼亚境内 305 公里，可融入"一带一路"倡议，为中国提供另一条经伊朗、亚美尼亚、格鲁吉亚和黑海到达欧洲的路线。

[①] "中国与亚美尼亚双边贸易"，驻亚美尼亚共和国大使馆经济商务处，2023 年 9 月 3 日，http://am.mofcom.gov.cn/article/zxhz/hzjj/202309/20230903441411.shtml。

[②] "中国与亚美尼亚双边贸易"，驻亚美尼亚共和国大使馆经济商务处，2023 年 9 月 3 日，http://am.mofcom.gov.cn/article/zxhz/hzjj/202309/20230903441411.shtml。

[③] 管玉红、高国伟：《"一带一路"倡议下中国—亚美尼亚产能合作研究》，《国别和区域研究》2020 年第 4 期。

[④] 管玉红、高国伟：《"一带一路"倡议下中国—亚美尼亚产能合作研究》，《国别和区域研究》2020 年第 4 期。

(三) 人文合作助力中亚关系健康发展

随着中亚两国人文交流不断发展，合作日益深化，两国高校之间的合作也密切起来。2008年在埃里温成立的亚美尼亚孔子学院，成为两国之间文化交流的重要场所，两国还实现了教育合作框架下的学生交换项目。2013年，孔子学院学员规模不足百人，目前人数增长了十几倍。在孔子学院的推动下，2015年亚美尼亚批准汉语课程进入其中小学必修课程名录，标志着汉语被纳入亚美尼亚基础教育课程体系。[1] 目前，亚美尼亚的一些大学和中国的大学进行了合作，参与合作的大学有埃里温国立大学、埃里温国立语言大学、亚美尼亚国立经济大学和中国的兰州大学、安徽大学、大连外国语大学、陕西师范大学、西安外国语大学、山西大学、北京建筑大学等。

除此之外，两国科研部门的交流也越来越多。2018年中国社会科学院与亚美尼亚的埃里温国立大学合作共建了"中国研究中心"。[2] 2023年9月12日，中国科学院同亚美尼亚国家科学院签署了关于深化中亚科技合作备忘录。据此，中国科学院和亚美尼亚国家科学院将推动科研人员交流、举办学术会议和研讨会、共同实施联合研究项目、交流信息并出版学术著作等。双方将密切两国科研机构和科学家之间的联系，在物理、数学、化学，生物多样性及生物技术等领域开展合作，取得更多互利共赢的合作成果。这次备忘录的签订为中亚两国科技合作带来了新的机遇。

随着中国和亚美尼亚经贸合作的顺利发展、务实合作的不断推进、人文交流日益频繁，以及一批重点项目的扎实落地，中亚两国必将迎来更大的发展空间和广阔的合作前景。

---

[1] 孙玉华、任雪梅：《中国与亚美尼亚关系的历史、现状及前景展望》，《东北亚外语研究》2018年第1期。

[2] 《驻亚美尼亚大使田二龙出席中国社会科学院与埃里温国立大学共建"中国研究中心"揭牌仪式》，中华人民共和国外交部，2018年10月19日，https://www.fmprc.gov.cn/gjhdq_676201/gj_676203/yz_676205/1206_677028/1206x2_677048/201810/t20181019_8003449.shtml，最后访问日期：2021年10月1日。

附录 1
《关于建立独立国家联合体的协定》

(明斯克市　1991年12月8日)

我们，白俄罗斯共和国、俄罗斯联邦（俄罗斯苏维埃联邦社会主义共和国）和乌克兰，作为苏联的创始国、1922年《联盟条约》的签署国（以下简称缔约各方）确认，苏联作为国际法主体和地缘政治实体将终止存在。

基于我们各国人民的历史共性和相互联系，考虑到各方之间缔结的双边条约，建设民主法治国家的努力，在相互承认和尊重国家主权、不可剥夺的自决权、权利平等和不干涉内政原则的基础上，在放弃使用武力、经济或任何其他施压手段的基础上，以协商方式解决争端以及其他公认的国际法原则和准则的基础上，发展相互关系，我们认为进一步发展和巩固各国之间的友好、睦邻及互利合作关系符合各国人民的根本利益，有助于和平与安全事业，我们重申忠于《联合国宪章》《赫尔辛基最后文件》以及欧洲安全与合作会议其他文件的宗旨和原则，承诺遵守公认的关于人权和人民权利的国际准则，兹协议如下：

第1条

缔约各方组建独立国家联合体。

第2条

缔约各方应保证其公民，不论其国籍或其他差异，享有平等的权利和自由。缔约各方应保证其他缔约方的公民，以及居住在其领土上的无国籍人士，不论其国籍或其他差异，享有公认的符合国际人权准则的公民权利与自由，以及政治、社会、经济和文化上的权利与自由。

第 3 条

缔约各方应展现、保存和发展居住在其领土上的少数民族的特性，以及业已形成的独特民族文化区的民族、文化、语言、宗教特性，承担保护它们的责任。

第 4 条

缔约各方应在其人民间及国家间发展政治、经济、文化、教育、医疗卫生、环境保护、科学、贸易、人文及其他领域的平等互利合作，促进信息的广泛交流，并真诚而严格地履行相互义务。各方认为有必要在上述领域缔结合作协定。

第 5 条

缔约双方承认并尊重彼此的领土完整和独联体框架内现有边界的不可侵犯性。

缔约各方保证边界开放、公民行动自由和独联体框架内的信息传递自由。

第 6 条

独联体成员国在保障国际和平与安全，以及采取有效措施削减军备和军事开支方面进行合作。成员国力争消除所有核武器，在严格的国际监督下实现全面彻底裁军。

各方将尊重彼此实现无核区和中立国地位的意愿。

独联体成员国将在统一指挥下保持和维护共同军事战略空间，包括对核武器的统一控制，并将通过专门协定加以规范。

各方还将共同提供保障战略武装力量的部署、运作、物质和社会安全所需的必要条件。各方承诺在军人及其家属的社会保护和养老金保障方面实行协调一致的政策。

第 7 条

缔约各方认为，在平等基础上通过独联体共同协调机构实施联合活动的范围应包括：

-协调对外政策活动；

—在海关政策方面进行合作，建立和发展共同经济空间、全欧与欧亚市场；

—在发展运输系统和通信系统方面进行合作；

—在环境保护方面开展合作，参与建立全面的国际生态安全体系；

—移民政策问题；

—打击有组织犯罪。

第 8 条

各方意识到切尔诺贝利灾难的全球性质，承诺团结一致，努力协调，最大限度地减少和克服灾难的影响。

考虑到该事件灾难性后果，各方同意缔结专门协定以达到上述目的。

第 9 条

有关本协定各项准则的解释以及实施方面的争端，应通过有关机构之间的谈判解决，必要时在政府首脑和国家元首一级解决。

第 10 条

缔约各方保留中止本协定或其中个别条款的权利，但需提前一年通知本协定缔约各方。

经缔约各方同意，可对本协定的条款进行补充或修订。

第 11 条

自本协定签署之日起，在签署国领土上不得使用第三国规则，包括原苏联的规则。

第 12 条

缔约各方保证履行原苏联的条约和协定中约定承担的国际义务。

第 13 条

本协定不涉及缔约各方对第三国所承担的义务。

原苏联所有成员国，以及赞同本协定宗旨和原则的其他国家均可加入本协定。

第 14 条

独联体官方协调机构设在明斯克市。

独联体

本协定于1991年12月8日于明斯克市签订，一式三份，用白俄罗斯文、俄文和乌克兰文书就，三种文本具有同等效力。

　　　　　　　白俄罗斯共和国代表
　　　　　　　最高苏维埃主席　　斯·舒什克维奇
　　　　　　　部长会议主席　　维·克比奇
　　　　　　　俄罗斯联邦代表
　　　　　　　俄罗斯总统　鲍·叶利钦
　　　　　　　国务秘书　　根·布尔布利斯
　　　　　　　乌克兰代表
　　　　　　　总统　　列·克拉夫丘克
　　　　　　　总理　　维·福金
　　　　　　　　　　　　　　　　1991年12月8日

　　　　　　　通过机构 独联体国家元首理事会
　　　　　　　　　　　签署地点：明斯克

附录 2
《关于建立独立国家联合体的协定议定书》

白俄罗斯共和国、俄罗斯联邦（俄罗斯苏维埃联邦社会主义共和国）和乌克兰于 1991 年 12 月 8 日在明斯克市签订的《关于建立独立国家联合体的协定》议定书文本如下：

阿塞拜疆共和国、亚美尼亚共和国、白俄罗斯共和国、哈萨克斯坦共和国、吉尔吉斯斯坦共和国①、摩尔多瓦共和国、俄罗斯联邦（俄罗斯苏维埃联邦社会主义共和国）、塔吉克斯坦共和国、土库曼斯坦、乌兹别克斯坦共和国和乌克兰在平等原则基础上作为缔约各方组建独立国家联合体。

《关于建立独立国家联合体的协定》从被批准之时起对缔约各方中的每一方生效。

在《关于建立独立国家联合体的协定》基础上以及考虑到协定批准时所作的补充说明，在独联体框架内制定合作文件细则。

本协议书是《关于建立独立国家联合体的协定》的组成部分。

于 1991 年 12 月 21 日在阿拉木图市以阿塞拜疆文、亚美尼亚文、白俄罗斯文、哈萨克文、吉尔吉斯文、摩尔多瓦文、俄文、塔吉克文、土库曼文、乌兹别克文和乌克兰文书就，一式一份。各文本具有同等效力。正本将保存在白俄罗斯共和国政府档案馆，白俄罗斯共和国政府将证明无误的协定书副本送交缔约各方。

---

① 原文为 Республика Кыргызстан。

独联体

阿塞拜疆共和国：阿·穆塔利博夫

亚美尼亚共和国：列·捷尔-彼得罗相

白俄罗斯共和国：斯·舒什克维奇

哈萨克斯坦共和国：努·纳扎尔巴耶夫

吉尔吉斯斯坦共和国：阿·阿卡耶夫

摩尔多瓦共和国：米·斯涅古尔

俄罗斯联邦：鲍·叶利钦

塔吉克斯坦共和国：拉·纳比耶夫

土库曼斯坦：萨·尼亚佐夫

乌兹别克斯坦共和国：伊·卡里莫夫

乌克兰：列·克拉夫丘克

1991年12月21日于阿拉木图

附录 3
《阿拉木图宣言》

1991 年 12 月 21 日于阿拉木图市

独立国家

阿塞拜疆共和国、亚美尼亚共和国、白俄罗斯共和国、哈萨克斯坦共和国、吉尔吉斯斯坦共和国、摩尔多瓦共和国、俄罗斯联邦（俄罗斯苏维埃联邦社会主义共和国）、塔吉克斯坦共和国、土库曼斯坦、乌兹别克斯坦共和国和乌克兰，致力于建设民主法治国家，在相互承认和尊重国家主权及主权平等、不可剥夺的自决权、权利平等和不干涉内部事务的原则、不使用武力和以武力相威胁、不施加经济或其他方式的压力、和平解决争端、尊重人权和自由（包括尊重少数民族的权利）、认真履行国际法义务及其他公认的原则和国际法准则的基础上，发展相互关系；承认并尊重彼此领土完整和现有边界不可侵犯，认为加强具有深厚历史渊源的友好、睦邻和互利合作关系符合各国人民的根本利益，有利于和平与安全事业；认识到自身维护国内和平与民族和谐的责任；忠于《关于建立独立国家联合体的协定》的宗旨和原则，现声明如下：

独联体各参加国将在平等原则上通过以均等为基础并被参加国之间的协定赋予行事规则的协调机构进行互动，独联体既不是一个国家，也不是一个超国家实体。

阿塞拜疆共和国代表 阿·穆塔利博夫

亚美尼亚共和国代表 列·捷尔-彼得罗相

白俄罗斯共和国代表 斯·舒什克维奇

哈萨克斯坦共和国代表 努·纳扎尔巴耶夫

独联体

吉尔吉斯斯坦共和国代表 阿·阿卡耶夫

摩尔多瓦共和国代表 米·斯内古尔

俄罗斯联邦代表 鲍·叶利钦

塔吉克斯坦共和国代表 拉·纳比耶夫

土库曼斯坦代表 萨·尼亚佐夫

乌兹别克斯坦共和国代表 伊·卡里莫夫

乌克兰代表 列·克拉夫丘克

为了确保国际战略稳定和安全,战略军事力量将保持统一指挥,核武器将保持统一控制;各方将尊重彼此实现无核和(或)中立国家地位的愿望。

经所有参加国同意,独立国家联合体对原苏维埃社会主义共和国联盟成员国,以及其他赞同联合体目标和原则的国家开放。

重申致力于合作建立和发展共同经济空间,以及泛欧和欧亚市场。

随着独立国家联合体的成立,苏维埃社会主义共和国联盟不复存在。独联体参加国根据其宪法程序,保证履行原苏维埃社会主义共和国联盟的条约和协定所规定的国际义务。

独联体参加国承诺严格遵守本宣言的各项原则。

1991 年 12 月 21 日于阿拉木图

附录 4

《独立国家联合体章程》

1993 年 1 月 22 日于明斯克

自愿联合组成独立国家联合体（以下简称"独联体"）的所有国家，基于各国人民共同的历史及它们之间业已形成的联系、遵循公认的国际法原则和准则、《联合国宪章》、《赫尔辛基最后文件》、欧洲安全与合作会议的其他文件，力求共同保障各国人民经济和社会的进步，决心把《关于建立独立国家联合体的协定》、该协定议定书，以及《阿拉木图宣言》的各项规定付诸实践，发展彼此之间的合作，以确保国际和平与安全，同时维护国内和平与民族和睦，为保留和发展各成员国人民的文化创造条件，努力完善独联体的合作机制并提高其效率，各国决定通过《独联体章程》，并就如下内容达成协定：

第 1 节 宗旨与原则

第 1 条

独联体建立在所有成员国主权平等的原则基础上。所有成员国均为独立和平等的国际法主体。

独联体致力于进一步发展和巩固各成员国之间的友好、睦邻、民族和解、信任、相互理解和互利合作关系。

独联体不是一个国家，也不具有超国家权力。

第 2 条

独联体的宗旨是：

实现政治、经济、生态、人文、文化，及其他领域的合作；

在共同的经济空间、国家间合作和一体化的框架内，实现成员国经济和社会的全面均衡发展；

遵循公认的国际法原则、准则，以及欧安会文件，确保人权和人的基本自由；

各成员国开展合作确保国际和平与安全，采取有效措施削减军备和军费，消除核武器和其他大规模杀伤性武器，实现全面彻底裁军；

协助成员国公民在独联体内部自由交往、联系和迁移；

在其他法律关系领域开展法律互助与合作；

以和平方式解决独联体各国之间的争端和冲突。

第 3 条

为了实现独联体的宗旨，各成员国应在遵循普遍公认的国际法准则和《赫尔辛基最后文件》的基础上，按照下列相互关联和对等的原则构建彼此关系：

尊重成员国的主权，尊重各国人民不可剥夺的自决权，以及不受外来干涉掌握自己命运的权利；

国家边界不可侵犯，承认现有边界，反对非法获取领土；

确保各国领土完整，反对任何旨在肢解他国领土的行动；

不使用武力或以武力相威胁成员国的政治独立；

以不危及国际和平、安全与正义的方式和平解决争端；

在国家间关系中遵守国际法至上原则；

互不干涉内政外交；

确保不分种族、族裔、语言、宗教、政治或其他信仰的所有人的人权和基本自由；

切实履行包括本章程在内的独联体文件中所规定的义务；

考虑彼此利益和整个独联体的利益，通过协商在相互关系的各领域实现互助；

通力合作，相互支持，为独联体成员国人民创造和平的生活条件，确保其政治、经济和社会进步；

发展互利的经济和科学技术合作，扩大一体化进程；

在尊重各民族特性、密切合作保护文化价值和文化互鉴的基础上，实现各民族的精神统一。

第 4 条

成员国根据其在独联体内承担的义务，通过共同协调机构在平等的基础上开展联合活动的范围包括：

确保人权和人的基本自由；

协调对外政策活动；

在形成和发展共同经济空间、全欧市场、欧亚市场，以及海关政策方面开展合作；

在运输和通信系统方面开展合作；

在卫生和环境保护方面开展合作；

在社会和移民政策方面开展合作；

打击有组织犯罪；

在国防政策和保护外部边界领域开展合作。

经成员国共同商定，可对上述清单进行补充。

第 5 条

独联体内部国家间关系的主要法律依据应是成员国各个相互关系领域所达成的双边和多边协定。

在独联体框架内缔结的协定，应符合独联体的宗旨和原则，以及成员国根据本章程所承担的义务。

第 6 条

成员国应促进国家机构、社会团体和经济机构之间的合作与发展。

第 2 节 成员国资格

第 7 条

凡在本章程通过前已签署和批准 1991 年 12 月 8 日《关于建立独立国家联合体的协定》以及 1991 年 12 月 21 日《协定议定书》的国家，均为独联体创始国。

凡在独联体国家元首理事会通过本章程后一年内接受本章程义务的创始国，均为独联体成员国。

凡赞同独联体宗旨和原则，接受本章程规定的义务并经所有成员国同意加入独联体的国家，也可成为独联体成员。

第 8 条

凡意愿按照独联体联系国协定所确定的条件参加独联体某些活动的国家，根据独联体国家元首理事会决定，可成为独联体联系国。

根据国家元首理事会的决定，其他国家的代表可以以观察员身份出席独联体有关机构的会议。

联系国和观察员参与独联体机构工作的相关问题根据这些机构的议事规则加以规范。

第 9 条

成员国有权退出独联体。成员国应在退出前 12 个月向本章程保存国递交退出意向书。

相关国家有责任完全履行其在参加本章程期间所承担的义务。

第 10 条

成员国违反本章程以及一贯不履行在独联体框架内缔结的协定或独联体机构所规定义务的行为，由国家元首理事会审议。

可对该国采取国际法允许范围内的措施。

第 3 节 集体安全与军事政治合作

第 11 条

成员国在国际安全、裁军和军备控制、武装力量建设等领域奉行协调一致的政策，维护独联体安全，其中包括借力军事观察小组与集体维和力量。

第 12 条

当一个或多个成员国的主权、安全和领土完整，或国际和平与安全受到威胁时，成员国应立即启动相互协商机制，协调立场并采取措施消除威胁，包括维和行动和必要时根据《联合国宪章》第 51 条所规定的单独或集体自卫权使用武装力量。

关于联合使用武力的决定，由独联体国家元首理事会或独联体有关成员国根据本国立法作出。

第 13 条

各成员国采取适当措施，确保独联体成员国外部边界局势稳定。在相互协商的基础上，各成员国协调边防部队和其他管制并监督跨越成员国外部边界规定程序的专门机构的活动。

第 14 条

国家元首理事会是独联体负责成员国国防以及外部边界保护问题的最高机构。政府首脑理事会负责协调独联体的军事经济活动。

成员国在协同履行国际协定以及解决安全与裁军领域等方面问题时，通过共同磋商进行。

第 15 条

成员国在军事政治合作上的具体问题由专门的协定调解。

第 4 节 预防冲突和解决争端

第 16 条

成员国采取一切可能的措施预防冲突，尤其是可能导致侵犯人权的种族间和宗教间冲突。

成员国在协商基础上，也包括在国际组织框架内，互相帮助调解此类冲突。

第 17 条

独联体成员国将避免采取可能损害其他成员国，以及激化潜在争端的行动。

成员国将精诚合作，努力寻求谈判或商定适当的争端解决替代方案，公正、和平地解决争端。

如果成员国未能通过本条第 2 款所述方式解决争端，可将争端提交国家元首理事会。

第 18 条

如果争端的延续危及独联体和平与安全，国家元首理事会有权在争端的任何阶段向当事国建议适当的解决方案或方法。

第 5 节 经济、社会和法律领域的合作

第 19 条

各成员国在下列经济和社会领域开展合作：

建立以市场关系及商品、服务、资本与劳动力自由流动为基础的共同

的经济空间；

协调社会政策，共同制定社会纲要并实施举措，以缓解经济改革引起的社会紧张局势；

发展运输和通信系统，以及能源系统；

协调信贷-财政政策；

促进成员国经贸关系的发展；

鼓励投资并相互保护投资；

促进工业产品和商品的标准化和认证；

知识产权的法律保护；

促进共同信息空间的发展；

实施联合环境保护措施，在消除生态灾难影响和处理其他紧急情况方面提供互助；

实施科技、教育、卫生保健、文化和体育领域的联合项目和计划。

第20条

成员国在法律领域开展合作，包括缔结的有关法律援助的多边和双边协议，促进各国立法趋同。

各成员国在调整共同活动的国家法律准则之间出现矛盾时，成员国应进行磋商和谈判，以提出消除矛盾的建议。

第6节 独联体的机构

国家元首理事会和政府首脑理事会

第21条

国家元首理事会是独联体的最高机构。

国家元首理事会由所有成员国的最高级别代表组成，讨论并解决与成员国共同利益有关的原则性问题。

国家元首理事会每年召开两次会议。根据某个成员国提议，理事会可召开非常会议。

第22条

政府首脑理事会协调成员国行政机构在经济、社会和其他共同利益领域的合作。

政府首脑理事会每年召开四次会议。根据某个成员国政府的提议,理事会可召开非常会议。

第 23 条

国家元首理事会和政府首脑理事会以协商一致方式做出决定。任何国家均可声明与某一事项无关,但这不应被视为通过决定的障碍。

国家元首理事会和政府首脑理事会可召开联席会议。

国家元首理事会和政府首脑理事会的议事程序由议事规则调节。

第 24 条

各国家元首和政府首脑,按照独联体成员国俄文名称的字母顺序,轮流主持国家元首理事会和政府首脑理事会会议。

国家元首理事会和政府首脑理事会会议通常在明斯克市举行。

第 25 条

国家元首理事会和政府首脑理事会建立常设和临时的工作机构及辅助机构。

这些机构由被赋予相应权力的成员国代表组成。

专家和顾问可受邀参加其会议。

第 26 条

为解决具体领域的合作问题并向国家元首理事会和政府首脑理事会提出建议,可召开相关国家机构负责人会议。

外交部长理事会

第 27 条

外交部长理事会根据国家元首理事会和政府首脑理事会的决定,协调成员国的外交活动,包括其在国际组织中的活动,并就共同关心的世界政治问题组织磋商。

外交部长理事会根据国家元首理事会批准的条例开展活动。

协调磋商委员会

第 28 条

协调磋商委员会是独联体的常设执行和协调机构。

委员会执行国家元首理事会和政府首脑理事会决议,具体包括:

研究独联体内部合作及社会经济联系发展问题，并提出建议；

推动落实具体经济合作协议；

组织代表和专家会议，起草提交国家元首理事会和政府首脑理事会会议的文件草案；

保障国家元首理事会和政府首脑理事会会议顺利召开；

为独联体其他机构的工作提供便利。

第29条

协调磋商委员会由每个独联体成员国派出的两名常驻全权代表和国家元首理事会任命的委员会协调员组成。

为对国家元首理事会、政府首脑理事会和独联体其他机构的工作提供组织和技术支持，协调磋商委员会下设由委员会协调员兼委员会副主席的秘书处。

委员会根据国家元首理事会批准的条例行事。

委员会所在地为明斯克市。

国防部长理事会

联合武装力量总司令部

第30条

国防部长理事会是国家元首理事会负责成员国军事政策和军事建设问题的机构。

联合武装力量总司令部对联合武装力量以及独联体军事观察员小组和集体维和力量行使领导权。

国防部长理事会和联合武装力量总司令部根据国家元首理事会批准的有关条例开展活动。

边防军司令理事会

第31条

边防军司令理事会是国家元首理事会负责保卫成员国外部边界安全和确保边界局势稳定的机构。

边防军司令理事会根据国家元首理事会批准的有关条例开展活动。

经济法院
第 32 条

经济法院的作用是确保独联体框架内的经济义务得以履行。

经济法院的职责是解决因履行经济义务而产生的争端。经济法院也可以根据成员国协议的授权解决其他争端。

经济法院有权解释有关独联体经济问题的协定条款和某些法案。

经济法院根据国家元首理事会批准的《关于经济法院地位的协定》和《经济法院条例》开展活动。

经济法院所在地为明斯克市。

人权委员会
第 33 条

人权委员会是独联体的咨询机构，负责监督独联体成员国履行人权义务的情况。

委员会由独联体成员国的代表组成，根据国家元首理事会批准的条例行事。

人权委员会所在地为明斯克市。

部门合作机构
第 34 条

根据成员国在经济、社会和其他领域的合作协定，可设立部门合作机构，负责制定商定的合作原则和规则，并促进其具体实施。

部门合作机构（理事会、委员会）履行本章程及有关条款规定的职能，确保在多边基础上审议和解决相关领域的合作问题。

成员国有关行政机构的负责人是部门合作机构的成员。

部门合作机构在其职权范围内采纳推荐方案，必要时提交提案呈请政府首脑理事会审议。

独联体的工作语言
第 35 条

俄语是独联体的工作语言。

第 7 节　跨议会合作

第 36 条

跨议会大会举行议会间磋商，讨论独联体框架内的合作问题，深入研究各国议会活动领域的联合提案。

第 37 条

跨议会大会由各议会代表团组成。

大会理事会由各议会代表团团长组成，并组织跨议会大会的活动。

跨议会大会活动程序问题由其《议事规则》规定。

跨议会大会的所在地为圣彼得堡市。

第 8 节　经费

第 38 条

独联体各机构活动的经费支出按成员国的参与份额分摊，并根据独联体各机构预算的专门协议来确定。

独联体各机构的预算由政府首脑理事会提交给国家元首理事会批准。

第 39 条

独联体各机构的财务问题按照政府首脑理事会确定的程序进行审议。

第 40 条

成员国代表、专家，及顾问参加独联体会议和入驻机构工作的相关费用由各成员国承担。

第 9 节　最后条款

第 41 条

本章程须经创始国遵照其本国宪法程序予以批准。

批准书向白俄罗斯共和国政府交存，每一份批准书交存完毕后，白俄罗斯共和国政府将该事宜通报给其他创始国。

本章程自所有创始国交存批准书之日起对所有创始国生效，或在本《章程》通过一年后对所有提交本国批准书的创始国生效。

第 42 条

任何成员国均可对本章程提出修正案。根据国家元首理事会议事规则审议提交的修正案。

对本章程的修正案由国家元首理事会通过。修正案在所有成员国遵照其宪法程序将其批准之后，以及自白俄罗斯共和国政府收到最后一份批准书之日起生效。

第 43 条

独联体各创始国在批准本章程时，可对第 3、第 4 和第 7 节以及第 28、30、31、32、33 条提出保留意见和声明。

第 44 条

本章程将根据《联合国宪章》第 102 条进行登记注册。

第 45 条

本章程以独联体各创始国本国语言书就，一式一份。正本收存于白俄罗斯共和国政府档案馆，核证无误的副本由白俄罗斯共和国政府送交所有创始国。

本章程于 1993 年 1 月 22 日在明斯克市召开的国家元首理事会会议上通过。

1. 阿塞拜疆共和国于 1993 年 9 月 24 日向独联体国家元首理事会会议提交了加入通知，从而承担本决议和《独联体章程》规定的义务。

2. 保存国于 1993 年 12 月 9 日收到格鲁吉亚共和国加入该决议的通知。

3. 摩尔多瓦共和国于 1994 年 4 月 15 日加入该决议，但对《独联体章程》提出保留条件*。

摩尔多瓦共和国但书

根据《独立国家联合体章程》第 43 条，摩尔多瓦共和国作为独联体成员国，不参与集体安全问题和政治军事合作（《独联体章程》第 3 节中的第 11、12、13、14、15，以及第 6 节中的 30、31 条所规定事项）。

4. 白俄罗斯共和国在 1994 年 1 月 18 日批准章程时提出了以下保留意见：

白俄罗斯共和国但书

1. 根据第 3 节"集体安全与政治军事合作"中的第 11~15 条，白俄罗斯共和国声明，未经白俄罗斯共和国最高委员会许可，不得在其他独联体成员国领土上驻扎和使用白俄罗斯共和国武装力量,也不得在白俄罗斯共和国领土上驻扎和使用其他独联体成员国的武装力量。

2. 对于第 4 节"预防冲突和解决争端"中的第 16 条的表述,白俄罗斯共和国认为"一切可能的措施"是指一切可能的非军事措施。白俄罗斯共和国认为,《独立国家联合体章程》第 17 条和第 18 条提及的争端,将按照国际法公认的原则和准则解决。

3. 白俄罗斯共和国认为,关于协调磋商委员会和秘书处的第 28 条、第 29 条,以及关于联合武装力量总司令部的第 30 条的规定不完全符合当今现实,需要加以修订。应根据《独立国家联合体章程》第 42 条的规定,对章程进行必要的修订,并加以落实。

参考文献

一　俄文文献

А. В. Торкунов（ред.），Современные международные отношения，Москва，1998г.

А. В. Торкунов（отв. ред.），Внешняя политика Российской Федерации 1992–1999，Москва：РОССПЭН，2000г.

А・Н・Михайленко：СНГ：быть или не быть，Санкт-Петербург，АВОК Северо-Запад，2007г.

В. Д. Николаенко，Коллективная безопасность России и её союзников，Москва，《Альба》，2003г.

В・М・Алчинов：Международная экономическая интеграция и СНГ，Москва，Дипломатическая академия МИД России，2006г.

В・П・Воробьев：Проблемы развития и реформирования СНГ，Москва，Дипламотическая академия МИД России，2009г.

Н・К・Исингарин：Таможенный союз：дела и планы，Алматы，ОФ《БИС》，2000г.

Ю・В・Косав，А・В・Торопыгин，содружество независимых государств，Москва，ЗАО Издательство《Аспект Пресс》，2011г.

Внешняя политика России，Москва，Издательство ЗАО《Книга и Бизнес》，2013г.

Внешняя политика стран СНГ，Москва，ООО Издательство

独联体

《Аспект и Прессс》, 2017г.

Соглашение о создании Содружества Независимых Государств (г. Минск, 8 декабря 1991 года).

Протокол к Соглашению о создании Содружества Независимых Государств. Алма-Атинская Декларация (г. Алма-Ата, 21 декабря 1991 года).

Устав Содружества Независимых Государств (г. Минск, 22 января 1993 года).

Концепция внешней политики Российской Федерации 1993.
Концепция внешней политики Российской Федерации 2000.
Концепция внешней политики Российской Федерации 2008.
Концепция внешней политики Российской Федерации 2013.
Концепция внешней политики Российской Федерации 2016.
Концепция внешней политики Российской Федерации 2023.

二　中文文献

毕洪业：《俄罗斯与欧洲关系研究》，中央编译出版社，2009。

〔俄〕德米特里·特列宁：《帝国之后：21世纪俄罗斯的国家发展与转型》，新华出版社，2015。

丁笃本：《中亚通史》（现代卷），新疆人民出版社，2004。

丁军、王承就：《转型中的俄罗斯、乌克兰和白俄罗斯》，世界知识出版社，2010。

杜正艾：《俄罗斯外交传统研究》，上海人民出版社，2007。

冯绍雷、相蓝欣：《转型中的俄罗斯对外战略》，上海人民出版社，2005。

冯玉军：《俄罗斯外交决策机制》，时事出版社，2002。

公抒编著《原苏联各共和国概况》，世界知识出版社，1992。

顾志红：《普京安邦之道——俄罗斯的近邻政策》，中国社会科学出版社，2006。

顾志红：《事实与真相——俄罗斯地缘政治与外交》，长春出版社，2010。

顾志红编著《摩尔多瓦》，社会科学文献出版社，2004。

海运、李静杰：《叶利钦时代的俄罗斯（军事卷）》，人民出版社，2001。

海运、李静杰：《叶利钦时代的俄罗斯（外交卷）》，人民出版社，2001。

〔美〕汉斯·摩根索：《国家间政治：权力斗争与和平》，徐昕、郝望、李保平译，北京大学出版社，2006。

〔美〕杰弗里·曼科夫：《大国政治的回归——俄罗斯的外交政策》，黎晓蕾、李慧容等译，新华出版社，2011。

李健民：《独联体国家投资环境研究》，社会科学文献出版社，2013。

李静杰、潘德礼：《十年巨变：俄罗斯卷》，中共党史出版社，2004。

李静杰、赵常庆：《十年巨变：中亚和外高加索卷》，中共党史出版社，2004。

李静杰、郑羽：《俄罗斯与当代世界》，世界知识出版社，1998。

李永全：《俄国政党史——权力金字塔的形成与坍塌》，社会科学文献出版社，2017。

李永全主编《丝路列国志》，社会科学文献出版社，2015。

李允华、农雪梅编著《白俄罗斯》，社会科学文献出版社，2005。

〔美〕理查德·莱亚德、约翰·帕克：《俄罗斯重振雄风》，白洁等译，中央编译出版社，2006。

林军：《俄罗斯外交史稿》，世界知识出版社，2002。

刘庚岑、徐小云编著《吉尔吉斯斯坦》，社会科学文献出版社，2005。

刘启云编著《塔吉克斯坦》，社会科学文献出版社，2006。

柳丰华：《"梅普组合"的外交战略》，中国社会科学出版社，2012。

柳丰华：《俄罗斯与中亚——独联体次地区一体化研究》，经济管理出版社，2010。

陆俊元：《中国地缘安全》，时事出版社，2012。

〔俄〕罗伊·麦德维杰夫：《普京时代——世纪之交的俄罗斯》，王桂

独联体

香等译,世界知识出版社,2001年。

〔俄〕罗伊·麦德维杰夫:《苏联的最后一年(增订再版)》,王晓玉、姚强译,社会科学文献出版社,2009。

马大正、冯锡时主编《中亚五国史纲》,新疆人民出版社,2000。

马贵友主编《乌克兰》,社会科学文献出版社,2003。

〔俄〕米·谢·戈尔巴乔夫:《孤独相伴——戈尔巴乔夫回忆录》,潘兴明译,译林出版社,2015。

牛义臣:《集体安全条约组织》,社会科学文献出版社,2020。

潘德礼:《俄罗斯》,社会科学文献出版社,2005。

潘广云:《独联体框架内次区域经济一体化问题研究》,北京师范大学出版社,2011。

〔俄〕普京:《普京文集(2002—2008)》,张树华、李俊升、许华译,中国社会科学出版社,2008。

沈莉华:《苏联解体后的俄罗斯与乌克兰关系研究》,黑龙江大学出版社,2017。

施玉宇、高歌、王鸣野编著《亚美尼亚》,社会科学文献出版社,2003。

施玉宇编著《土库曼斯坦》,社会科学文献出版社,2005。

苏畅主编《格鲁吉亚》,社会科学文献出版社,2005。

孙壮志:《独联体国家"颜色革命"研究》,中国社会科学出版社,2011。

孙壮志:《中亚五国对外关系》,当代世界出版社,1999。

孙壮志、苏畅、吴宏伟编著《乌兹别克斯坦》,社会科学文献出版社,2004。

孙壮志、赵会荣、包毅、靳芳编著《阿塞拜疆》,社会科学文献出版社,2005。

〔俄〕瓦列里·列昂尼多维奇·彼得罗夫:《俄罗斯地缘政治——复兴还是灭亡》,于宝林、杨冰皓译,中国社会科学出版社,2008。

王晨星:《欧亚经济联盟:成因、现状及前景》,社会科学文献出版社，2019。

王观中：《独联体及其成员国》，吉林人民出版社，1992。

王树春：《转型时期的俄罗斯国家安全战略》，中山大学出版社，2002。

肖颖：《独联体区域一体化路径与进展》，社会科学文献出版社，2018。

谢晓光：《俄罗斯对外战略研究（2000—2016）》，社会科学文献出版社，2018。

许涛：《中亚地缘政治沿革：历史、现状与未来》，时事出版社，2016。

薛兴国：《俄罗斯国家安全理论与实践》，时事出版社，2011。

〔俄〕叶·普里马科夫：《大政治年代》，焦广田等译，东方出版社，2001。

张昊琦：《俄罗斯帝国思想初探》，知识产权出版社，2012。

张宏莉编《后苏联空间国家概况》，兰州大学出版社，2019。

张丽华主编《国际组织概论》，科学出版社，2015。

赵常庆编著《哈萨克斯坦》，社会科学文献出版社，2004。

赵常庆主编《中亚五国概论》，经济日报出版社，1999。

赵龙庚主编《独联体各国概览》，时事出版社，1992。

赵鸣文：《普京大外交——面向21世纪的俄罗斯对外战略1999—2017》，人民出版社，2018。

郑羽、柳丰华主编《普京八年：俄罗斯复兴之路：2000-2008》（外交卷），经济管理出版社，2008。

郑羽主编《独联体（1991—2002）》，社会科学文献出版社，2005。

郑羽主编《独联体十年——现状．问题．前景》，世界知识出版社，2002。

郑羽主编《俄罗斯东欧中亚国家的对外关系》，中国社会科学出版社，2007。

〔美〕兹比格纽·布热津斯基：《大棋局——美国的首要地位及其地缘战略》，中国国际问题研究所译，上海人民出版社，1998。

左凤荣：《重振俄罗斯——普京的对外战略与外交政策》，商务印书馆，2008。

三　主要网站

俄罗斯科学院，https：//www.ras.ru/。
独联体执行委员会，http：//www.cis.minsk.by。
集体安全条约组织，http：//www.odkb-csto.org/。
欧亚经济联盟，http：//www.eaeunion.org/。
欧亚经济委员会，https：//eec.eaeunion.org/。
俄白联盟国家，http：//www.soyuz.by。
俄罗斯总统网，http：//www.kremlin.ru/。
俄罗斯政府网，http：//www.rsnet.ru/。
俄罗斯外交部，https：//www.mid.ru/。
俄罗斯国际事务委员会，https：//russiancouncil.ru/。
独联体研究所，https：//materik.ru/。
白俄罗斯外交部，http：//www.mfa.gov.by/。
俄罗斯报，http：//www.rg.ru/。
消息报，http：//izvestia.ru/news/。
独立报，https：//www.ng.ru/。
俄罗斯新闻网，http：//rian.ru/。
俄罗斯卫星通讯社，http：//sputniknews.cn/。
塔斯社，http：//www.itar-tass.com/。
中国政府网，https：//www.gov.cn/。
中华人民共和国外交部，http：//www.fmprc.gov.cn/。
中华人民共和国商务部，http：//www.mofcom.gov.cn/。
人民网，http：//www.people.com.cn/。
光明网，https：//www.gmw.cn/。
新华网，http：//www.news.cn/。

后　记

"罗马不是一天建成的"。这本书前前后后、断断续续写了三年。

我独联体方向的研究起点是从撰写《俄罗斯黄皮书：俄罗斯发展报告》当中的一篇智库报告——《2011年独联体在困境中加速前进》开始的。正是这篇稚嫩的智库报告，让我敲开了独联体研究的大门，与"俄罗斯对独联体外交"选题结下不解之缘。因此，几年前，当中国社会科学院国际组织志课题立项后，我申报撰写其子项目《独联体》。

早在20多年前，俄罗斯东欧中亚研究所外交室的郑羽研究员就作为主编带领一个研究团队撰写出《独联体十年——现状 问题 前景（1991—2001）》和《独联体（1991—2002）》这两本著作。在著作中郑羽研究员对独联体地区的研究价值做过论断："独联体的特殊进程和经验对于探讨当代世界的一体化问题有着重要的研究价值……独联体作为中国的重要周边因素之一，其一体化在各领域的挫折与进展，独联体的稳定与繁荣，都在以不同的方式和在不同的程度上对我国的外交环境、安全环境和市场机遇产生着不可忽视的重要影响。"这两本著作是该领域研究的奠基之作和扛鼎之作，我在其中汲养颇多。

斗转星移，弹指一挥。转瞬间独联体已过而立之年。与20多年前相比，它的发展态势也与之前不可同日而语。独联体的整体一体化逐渐转向更深层次的次地区一体化，俄罗斯对独联体的政策日趋成熟，独联体地区的大国博弈异常激烈，独联体国家成为中国"一带一路"倡议的重要合作伙伴……因此，有必要与时俱进，根据独联体最新形势重新审视与我周边密切相关的这一地区。本书尽量囊括了这些内容。

独联体

在书稿写作中，有诸多难点需要克服。

第一，相关内容的翻译。《独联体》不但要体现学术研究价值，还要体现资料价值。因此，在本书中有相当一部分资料需要精确翻译出来。比如，独联体的机构、俄白联盟国家的机构、欧亚经济联盟的机构、集体安全条约的机构、附录中的多个条约协定等。[①] 特别是条约和协定的翻译，有时候为准确表达一个词的翻译查阅无数资料，费尽思量，真是"吟安一个字，捻断数茎须"。

第二，资料的动态更新。不同于更加强调学理性的其他论文和专著，《独联体》更强调资料的准确性和时效性。因为这本书前前后后写了三年之久，许多的"彼时"已不再是"此时"。为了反映出独联体地区的最新动态，直到书稿付梓前几日内容还在更新，尤其是独联体地区热点问题的相关内容更新到了2023年底。

第三，个人积淀不足。进入中国社会科学院俄罗斯东欧中亚研究所工作十多年来，我每年都撰写《俄罗斯黄皮书：俄罗斯发展报告》中的"俄罗斯对独联体外交"这部分内容，能够宏观上把握该地区动态。但在写作本书的过程中我意识到，仅有对独联体形势的宏观把握，只是有了"筋骨"，而那些对独联体地区相关问题细化的考察才能增加它的"血肉"。在书稿写作过程中我逐渐厘清了相关问题，并在书稿中将其具体化。

综上所述，写作的过程是我无数次发现自己"无知"的过程，也是我在"无知"中探寻"有知"的过程。这个过程"痛并快乐"。幸运的是，科研工作环境为我提供了丰富的宝库。在与周围众多欧亚方向的专家学习和交流中，我受益良多。在此，请允许我向所有在本书立项、调研、写作、出版过程中帮助过我、鼓励过我的前辈、领导、老师、同事、编辑、朋友致以崇高的敬意和诚挚的谢意！你们的名字我将铭记于心。感谢我家人的支持！

[①] 作者考虑到在独联体发展的过程中，独联体地区的整体一体化转向了多个领域的次区域一体化，这些次区域一体化组织的作用和意义格外凸显出来，因此，应该相对详细地介绍这些次区域一体化组织。

后记

  作者认真撰写了整本书稿，囿于自身能力，挂一漏万在所难免。恳请各位专家、学者和读者朋友不吝赐教，批评指正。

  夜已阑珊，书稿付梓，感慨万千。学海无涯，日拱一卒，贵在坚韧；前路漫漫，矢志不渝，行将必远。在独联体大地上，俄乌冲突仍在继续；在中东地区，巴以战火还在燃烧。经历了三年新冠疫情的人们更觉每一个平安的日子弥足珍贵。龙年来了，让我们带着希望勇往直前！

  唯祝岁月静好，祈愿世界和平！

刘　丹

2024 年 2 月于北京

国别区域与全球治理数据平台

www.crggcn.com

"国别区域与全球治理数据平台"(Countries, Regions and Global Governance, CRGG)是社会科学文献出版社重点打造的学术型数字产品,对接国别区域这一重点新兴学科,围绕国别研究、区域研究、国际组织、全球智库等领域,全方位整合基础信息、一手资料、科研成果,文献量达30余万篇。该产品已建设成为国别区域与全球治理数据资源与研究成果整合发布平台,可提供包括资源获取、科研技术服务、成果发布与传播等在内的多层次、全方位的学术服务。

从国别区域和全球治理研究角度出发,"国别区域与全球治理数据平台"下设国别研究数据库、区域研究数据库、国际组织数据库、全球智库数据库、学术专题数据库和学术资讯数据库6大数据库。在资源类型方面,除专题图书、智库报告和学术论文外,平台还包括数据图表、档案文件和学术资讯。在文献检索方面,平台支持全文检索、高级检索,并可按照相关度和出版时间进行排序。

"国别区域与全球治理数据平台"应用广泛。针对高校及国别区域科研机构,平台可提供专业的知识服务,通过丰富的研究参考资料和学术服务推动国别区域研究的学科建设与发展,提升智库学术科研及政策建言能力;针对政府及外事机构,平台可提供资政参考,为相关国际事务决策提供理论依据与资讯支持,切实服务国家对外战略。

数据库体验卡服务指南

※100元数据库体验卡,可在"国别区域与全球治理数据平台"充值和使用

充值卡使用说明:
第1步 刮开附赠充值卡的涂层;
第2步 登录国别区域与全球治理数据平台(www.crggcn.com),注册账号;
第3步 登录并进入"会员中心"→"在线充值"→"充值卡充值",充值成功后即可使用。

声明
最终解释权归社会科学文献出版社所有

客服QQ:671079496
客服邮箱:crgg@ssap.cn

欢迎登录社会科学文献出版社官网(www.ssap.com.cn)和国别区域与全球治理数据平台(www.crggcn.com)了解更多信息

卡号:3887870589247032

图书在版编目(CIP)数据

独联体 / 刘丹著. --北京：社会科学文献出版社，
2024.5. --（国际组织志）. -- ISBN 978-7-5228
-3781-9

Ⅰ.K951.2

中国国家版本馆CIP数据核字第2024E45971号

·国际组织志·

独联体 （Commonwealth of Independent States）

著　　者 / 刘　丹

出 版 人 / 冀祥德
组稿编辑 / 张晓莉
责任编辑 / 胡晓利　常玉迪
责任印制 / 王京美

出　　版 / 社会科学文献出版社·区域国别学分社（010）59367078
　　　　　 地址：北京市北三环中路甲29号院华龙大厦　邮编：100029
　　　　　 网址：www.ssap.com.cn
发　　行 / 社会科学文献出版社（010）59367028
印　　装 / 三河市尚艺印装有限公司

规　　格 / 开　本：787mm×1092mm　1/16
　　　　　 印　张：13.5　字　数：203千字
版　　次 / 2024年5月第1版　2024年5月第1次印刷
书　　号 / ISBN 978-7-5228-3781-9
定　　价 / 89.00元

读者服务电话：4008918866

版权所有 翻印必究